农业强国

姜长云 ◎ 著

目 录

前言 / 001

第一章　农业强国及其共同特征 / 011

　　一、农业强国与农业现代化 / 012
　　二、农业强国的主要类型 / 020
　　三、六高六强 / 027

第二章　普遍趋势与发展路径 / 053

　　一、普遍规律：八个坚持 / 054
　　二、切忌"行百里者半九十" / 092
　　三、推进农业强国建设时间表 / 099

第三章　农业强国建设路线图 / 102

　　一、农业强国建设的现实方位 / 102
　　二、强化战略思维 / 107
　　三、找准现实发力点 / 113

第四章　面向中国式农业农村现代化　/ 120

　　一、农业农村现代化怎么看　/ 121

　　二、植根固本守魂　/ 127

　　三、中国式农业农村现代化的二维观察　/ 129

　　四、总体目标　/ 136

　　五、底线要求　/ 142

　　六、主要任务　/ 145

第五章　农业强国建设：功夫也在功夫外　/ 165

　　一、保持经济运行在合理区间　/ 165

　　二、在高质量发展中促进共同富裕　/ 172

　　三、全面提升科技创新的引领支撑能力　/ 179

第六章　强化农业强国建设的产业支撑　/ 185

　　一、科学选择方式方法　/ 186

　　二、乡村产业发展中的问题　/ 193

　　三、出好几张牌　/ 204

第七章　把控粮食安全风险　/ 215

　　一、认识粮食安全风险　/ 216

　　二、粮食安全风险怎么看　/ 219

　　三、我国粮食需求增长潜力　/ 234

第八章 规避几种倾向 / 243

　　一、战略问题战术化 / 243

　　二、发展目标浪漫化 / 247

　　三、建设方式单打一和"一刀切" / 250

　　四、体制机制改革工程化、政策支持盆景化 / 253

　　五、重点错乱化和"三农"配角化 / 258

后记 / 262

前言

如果您想关注中国,建议您优先关注中国农业!如果您想关注中国全面建设社会主义现代化国家,您最好关注中国加快建设农业强国!中国农业是观察中国"三农"问题的重要窗口,也是观察中国的一个侧影。建设农业强国是全面建设社会主义现代化强国的一个子系统,也是全面建成社会主义现代化强国必须攻克的一个硬任务。建设农业强国是建设社会主义现代化强国的突出难点。农业强不强,关系到全面建成社会主义现代化强国建设的成色和质量。

一、新时代新征程加快建设农业强国要有使命感

中国是世界人口大国,也是一个农业大国。长期以来,中国农业以占世界不足9%的可耕地面积、不足7%的可再生内陆淡水资源量,解决了占世界18%以上人口的吃饭问题,成为世界上少数提前实现减饥目标的国家之一,为增进世界粮食安全、促进世界减贫事业、保证重要农产品有效供给做出了突出贡献。根

据世界银行数据库数据，2021年中国农业增加值占世界比重已达30.9%。按照联合国粮农组织（FAO）数据，2020年中国的谷物、肉类、水果产量分别占世界产量的20.5%、22.4%、27.4%（中国大陆数据，下同），中国的羊肉、花生、蛋类、茶叶、蔬菜产量分别占世界产量的31.5%、33.5%、37.3%、42.3%和51.7%；从与其他国家的比较来看，中国的谷物、蔬菜类、水果类、肉类、蛋类总产量均堪称世界第一，中国蔬菜净出口量占世界出口量的比重超过10%。

但是，中国农业大而不强的问题仍然突出。根据世界银行和FAO数据，按当年价格计算，2019年以色列、日本分别位居现有农业强国农业劳动生产率的最高值和最低值，分别为人均13.07万美元和2.27万美元，中国仅为人均0.52万美元，中国农业劳动生产率分别相当于以色列的4.0%和日本的22.9%；按农业劳动生产率与全社会劳动生产率之比计算农业比较劳动生产率，2019年我国农业比较劳动生产率为27.7%，以色列、荷兰、美国、德国、日本分别为130.3%、79.2%、65.9%、64.2%和29.5%。根据FAO数据，2020年中国大麦、猪肉、牛肉、鸡肉进口量居世界首位，分别占当年世界进口量的28.7%、28.5%、19.0%和11.3%。

习近平总书记在党的二十大报告中明确提出，"全面建成社会主义现代化强国，总的战略安排是分两步走：从二〇二〇年到二〇三五年基本实现社会主义现代化；从二〇三五年到本世纪中叶把我国建成富强民主文明和谐美丽的社会主义现代化强国"，并将"加快建设农业强国"作为全面推进乡村振兴的重要任务。中国共产党建党 100 多年来，在党的全国代表大会上提出"加快建设农业强国"，这是第一次。这是以习近平同志为核心的党中央从全面建成社会主义现代化强国的大局出发，基于新时代新征程以中国式现代化全面推进中华民族伟大复兴的使命任务，所进行的重大战略部署。可见，在新时代新征程，在全党全国各族人民迈上全面建设社会主义现代化国家新征程、向第二个百年奋斗目标进军的关键时刻，加快建设农业强国的战略地位已经明显提升，其重要性紧迫性也在迅速凸显。因此，加快建设农业强国，要有时不我待的紧迫感、使命感！

二、以中国式现代化理念加快建设农业强国

党的二十大报告，实际上向我们发出了加快建设农业强国的动员令。立足新时代新征程，关键是要坚持全面推进乡村振兴的使命情怀和责任担当，坚持自信自立、守正创新、问题导向和系统观念，着力推动加快建设农业强国高质量发展。习近平总书记在党的二十大报告中强调，"从现在起，中国共产党的中心任务就是团结带领全国各族人民全面建成社会主义现代化强国、实现第二个百年奋斗目标，以中国式现代化全面推进中华民族伟大复兴""到本世纪中叶，把我国建设成为综合国力和国际影响力领先的社会主义现代化强国"，并就中国式现代化的特征和本质要求进行了系统阐释，明确"未来五年是全面建设社会主义现代化国家开局起步的关键时期"。因此，坚持中国式现代化的理念和政策思维，是加快建设农业强国必须坚持的科学方法论。

党的二十大报告提出，"中国式现代化，是中国共产党领导的社会主义现代化，既有各国现代化的共同特征，更有基于自己国情的中国特色"。坚持人民至上，坚持以人民为中心的发展思想，是中国共产党的本质要求和使命担当。因此，在加快建设农业强国的过程中，必须始终注意完善联农带农的利益联结机制建设。大国小农是中国的基本国情，这决定了促进小农户与现代农业发展有机衔接，应该是中国加快建设农业强国必须坚持的主线。尽管随着农业现代化的发展，农业经营主体的经营规模将在总体上呈现不断扩大的趋势；但是，农业经营主体的经营规模并非"越大越好"，要与农业劳动力转移程度和农村劳动力转移能力相适应。如果片面追求扩大农业经营主体的经营规模，推动农户土地向少数人集中，导致大量农村劳动力退出农业后无业可就，不仅有可能妨碍农民农村共同富裕，不利于农村经济社会的稳定，与中国国情农情也是不相适应的。有人说，农业的未来在于信息技术和生物技术。但是，信息技术和生物技术越发达，越向农业加快渗透，越容易导致农业发展与常规意义上的农民无关。因此，在加快建设农业强国的过程中，信息技术和生物技术向农业越渗透，越需要加强联农带农的利益联结机制建设。

长期以来，在国内外农业现代化思潮和政策实践中，都存在一种倾向，似乎推进农业现代化的过程，就是向欧美发达国家农业发展看齐的过程，就是引进"欧风美雨"滋润我国农业农村发展的过程。殊不知，我国作为后发型发展中国家的农业农村现代化，与欧美发达国家在起步条件、发展环境上都有很大区别，即便不考虑这一点,由于资源禀赋等国情农情不同,将欧美发达国家现代化过程中的成功经验引进到我国,也可能遇到"水土不服"的问题,甚至有可能出现类似"甲之蜜糖乙之砒霜"的现象。任何一个国家的现代化过程,不可能全是成功经验,往往是经验、教训相伴而生,甚至在相当程度上可以说,现有农业强国的成功往往是成功经验和失败教训循环往复、反复较量的结果,只不过"成功者的缺陷容易被鲜花掩盖,成功者的泪水容易被掌声淹没"而已。

党的二十大报告还指出,"中国式现代化是人口规模巨大的现代化"。深入研究这句话的丰富内涵,有利于全面把握我国加快建设农业强国的独特条件。2021年末,中国人口总规模141260万人,其中乡村人口占35.3%。到2035年我国城镇化率即便提高到70%左右,乡村人口仍然会在4亿人以上。推进乡村振兴的进展如何,实现农业农村现代化的成色怎样,不仅通过城乡之间的相互联系、相互作用,影响城市居民的民生福祉;更会与超过4亿乡村人口的获得感、幸福感、安全感深度相关。此外,我国已进入中度老龄化社会。第七次全国人口普查以2020年11月1日零时为普查登记标准时点,该项普查资料显示,全国65岁及以上人口占总人口的比重已经达到13.5%,65岁及以上人口占总人口比重超过全国平均水平1个百分点的省份分别有辽宁(17.4%,比重数,下同)、重庆(17.1%)、四川(16.9%)、上海(16.3%)、江苏(16.2%)、吉林(15.6%)、黑龙江(15.6%)、山东(15.1%)、安徽(15.0%)、湖南(14.8%)、天津(14.8%)、湖北(14.6%)

12 个省市。可见，我国人口老龄化程度比较高的省份，主要集中在东北地区、长三角地区和大多数粮食主产区，我国 13 个粮食主产区的省份中有 9 个位列其中。大量调研还显示，近年来，在我国人口老龄化迅速发展的同时，随着农村青壮年劳动力大量进城，农村人口老龄化发展更快。这些方面进一步增加了我国加快建设农业强国的难度。

加快建设农业强国，应该充分利用人口规模巨大提供的有利条件，牢固坚持扩大内需这个战略基点。由于人口规模巨大，任何一种新需求乘以 14 亿人口都是大数。随着人口总量增长明显放缓并将见顶回落，我国许多传统产业的需求已达规模峰值，今后要日益重视走稳量提质增效，甚至减量提质增效的道路，更加重视深化供给侧结构性改革。与此同时，消费水平提高和消费结构升级，也在不断催生各种新型消费需求。尽管相对于传统消费需求，这些新型消费需求往往呈现个性化、多样化特点，人均需求量很小，甚至部分人有需求与更多人无需求并存；但 14 亿人口这个庞大乘数，也可以将其汇聚成庞大的需求体量，为乡村产业新业态新模式的成长提供巨大需求空间。中国不仅人口众多，而且幅员辽阔，许多地方具有独特的资源优势、民间技艺和历史文化基础，为小众产业发展和满足个性、细分、长尾市场需求提供了便利。这些个性、细分、长尾市场的需求者尽管单体需求很小、分布比较零散，但 14 亿人口中哪怕千分之一有需求，也可以聚沙成塔、集腋成裘，为相关小众型产业发展提供良好的需求拉动。况且，当今世界，互联网和数字经济发展日新月异，其良好的链接和匹配功能更是为集聚这种零碎需求创造了便利，容易让小众型产业发展如虎添翼。这是世界上绝大多数国家难以具备的推进产业发展的有利条件。中国加快建设农业强国，必须注意利用这种有利条件。

总之，"以中国式现代化全面推进中华民族伟大复兴"，这绝非空话套话，而是有着丰富内涵和深刻寓意。限于篇幅，在此不便详加分析。推进加快建设农业强国行稳致远、高质量发展，必须深刻把握其精神实质。

三、责任、情怀与使命

当前，我国已全面建成小康社会，开启全面建设社会主义现代化国家新征程，加快建设农业强国日益成为全面建设社会主义现代化国家的迫切要求。早在 2013 年的中央经济工作会议上，习近平总书记就指出"中国要强，农业必须强；中国要美，农村必须美；中国要富，农民必须富"。2018 年 9 月 21 日，在主持中央政治局第八次集体学习时，习近平总书记又强调，"要坚持农业现代化和农村现代化一体设计、一并推进，实现农业大国向农业强国跨越"。2018 年中央一号文件强调，"必须坚持质量兴农、绿色兴农，以农业供给侧结构性改革为主线，加快构建现代农业产业体系、生产体系、经营体系，提高农业创新力、竞争力和全要素生产率，加快实现由农业大国向农业强国转变"。《乡村振兴战略规划（2018-2022 年）》要求，"按照建设现代化经济体系的要求，加快农业结构调整步伐，着力推动农业由增产导向转向提质导向，提高农业供给体系的整体质量和效率，加快实现由农业大国向农业强国转变"。2022 年 10 月，习近平总书记在党的二十大报告中进一步强调"加快建设农业强国"。这充分体现了以习近平同志为核心的党中央着眼国家战略需要，推动稳住农业基本盘、全面推进乡村振兴的战略思维。

国家的呼唤，时代的要求，就是研究者的使命！在此启发下，近年来关于农业强国的研究，日益引起本人重视。本书在很大程度上是近年来本人对此探索的成果。全书共八章分为三个板块。前三章为第一板块，相当于总论，试图从历史与现实、国际与国内相结合的角度，同您讨论什么是农业强国？农业强国的未来应该是什么样子？中国应该怎样加快建设农业强国？从国际经验来看，农业强国往往是世界范围内推进农业现代化的"佼佼者"；中国作为后发型发展中国家，推进农业现代化往往更需要与农村现代化融合互动、耦合共生。因此，立足新时代新征程，加快建设农业强国，应该同加快推进中国式农业农村现代化协调起来，让农业强国的建设过程有效融入推进中国式农业农村现代化过程。因此，本书第四章构成本书第二板块。加快建设农业强国既是党的二十大为我们描绘的宏伟蓝图和战略愿景，更是我们全面推进乡村振兴的实际行动，需要立足当下、脚踏实地，久久为功、善作善成。如果指望"敲锣打鼓"，就能建设农业强国。这种想法只会让我们坐失良机。党的二十大报告指出，"未来五年是全面建设社会主义现代化国家开局起步的关键时期"。那么，立足当下，加快建设农业强国应该如何做到一步一个脚印地扎实前行？本书第五到第八章共四章，相当于第三板块，重点就加快建设农业强国需要关注的若干重点、难点和敏感问题，力图从不同角度、不同方位进行探讨，推出关于加快建设农业强国的现实思考。

亲爱的朋友们，加快建设农业强国，创造奇迹要靠谁？要靠您，要靠我，要靠我们团结奋斗、矢志不渝，要靠我们踔厉奋发、笃行不怠，要靠我们"怀抱梦想又脚踏实地，敢想敢为又善作善成"！空谈误国，实干兴邦！加快建设农业强国的新征程已经开启，来不及等待，来不及犹豫，让我们永保年轻的心，一起迎着太阳，把那梦想去追！让那美好的梦想一步步成为现实。

建设农业强国做得怎么样，要让时代检阅，让人民评说！再过近三十年，到本世纪中叶，我们来相会，当一个综合国力和国际影响力领先的社会主义现代化强国展现在我们面前时，当一个具有较强比较优势和国际竞争力的农业强国到来时，回首往事，我们是否问心无愧？那时中国的山、那时中国的水、那时中国农业强国的累累硕果中，是否凝聚着您的心血，我的汗水，我们的智慧？让我们一起努力吧！

第一章

农业强国及其共同特征

习近平总书记早就提出"中国要强,农业必须强;中国要美,农村必须美;中国要富,农民必须富""要坚持农业现代化和农村现代化一体设计、一并推进,实现农业大国向农业强国跨越"[①]。2018年中央一号文件强调,"必须坚持质量兴农、绿色兴农,以农业供给侧结构性改革为主线,加快构建现代农业产业体系、生产体系、经营体系,提高农业创新力、竞争力和全要素生产率,加快实现由农业大国向农业强国转变"[②]。《乡村振兴战略规划(2018—2022年)》要求,"按照建设现代化经济体系的要求,加快农业结构调整步伐,着力推动农业由增产导向转向提质导向,提高农业供给体系的整体质量和效率,加快实现由农业大国向农

---

① 中共中央党史和文献研究院:《习近平关于"三农"工作论述摘编》,中央文献出版社2019年版,第3、45页。
② 《中共中央 国务院关于实施乡村振兴战略的意见》,http://www.gov.cn/zhengce/2018-02/04/content_5263807.htm

业强国转变"[①]。特别值得重视的是，在党的二十大报告中，习近平总书记进一步强调"从现在起，中国共产党的中心任务就是团结带领全国各族人民全面建成社会主义现代化强国、实现第二个百年奋斗目标，以中国式现代化全面推进中华民族伟大复兴"；并将"加快建设农业强国"作为全面推进乡村振兴的重要任务[②]。可见，在我国，加快建设农业强国的战略地位和重要性紧迫性正在迅速凸显。作为一个人口大国和农业（资源）大国，建成现代农业强国，是建设社会主义现代化强国的必然要求和重要目标内容，更是其突出难点之一。贯彻以习近平同志为核心的党中央关于重农强农的战略决策，必须把推进现代农业强国建设放在重要的战略地位。那么，从国际经验和比较来看，什么是农业强国？哪些国家是农业强国？农业强国与实现农业现代化国家之间是什么关系？世界农业强国有哪些共同特征？本章将围绕这些问题进行讨论。

一、农业强国与农业现代化

由于汉语的多义性，对农业强国，可以从两个不同的角度来理解。将"强"作为动词，可以将"农业强国"理解为农业让国

[①] 中共中央 国务院印发《乡村振兴战略规划（2018—2022年）》，http://www.moa.gov.cn/ztzl/xczx/xczxzlgh/201811/t20181129_6163953.htm

[②] 本书编写组：《党的二十大报告辅导读本》，人民出版社2022年版，第19—20、22、28页。

家强起来，成为现代化强国。将"强"作为形容词，可以将"农业强国"理解为农业强的国家。但从国际经验来看，达到较高的农业现代化水平，应该是建成农业强国的底线要求；在现代化强国中，往往农业已经实现了现代化，农业占国内生产总值（GDP）和就业的比重较低。如农业增加值占GDP比重，2019年，美国、日本、英国、法国、德国、丹麦、荷兰、以色列、意大利、澳大利亚分别为0.92%、1.01%、0.61%、1.52%、0.78%、1.22%、1.64%、1.13%、1.91%、2.12%；2018年加拿大为1.70%。经济和贸易高度依赖农牧业的新西兰，依托得天独厚的地理环境，成为以畜牧业为主导的世界重要农业强国，2018年农业占GDP的比重也仅为5.65%。再如，农业就业人数占全社会就业人数的比重，2019年，美国、日本、英国、法国、德国、丹麦、荷兰、以色列、意大利、加拿大、新西兰、澳大利亚分别为1.36%、3.38%、1.05%、2.53%、1.21%、2.22%、2.08%、0.92%、3.89%、1.51%、5.84%、2.56%。相比之下，农业占GDP和就业的比重，2019年高收入国家分别为1.22%和2.75%，世界平均水平分别为4.01%和26.69%，中国分别为7.14%和25.33%[①]。因此，建成现代农业或实现了农业现代化，可以成为建成现代化强国的重要依托和必要条件。但主要依靠农业很难让国家真正强起来，成为现代化强国。农业强难以成为国家强或建设现代化强国的充分条件。

可见，对农业强国，我们更应将其理解为农业强的国家，农

---

① 资料来自世界银行，https://data.worldbank.org.cn/indicator/NY.AGR.TOTL.ZS?view=chart、https://data.worldbank.org/indicator/SL.AGR.EMPL.ZS

业强可能成为国家强或建成现代化强国的基础支撑之一，但不能将农业强国理解为主要依靠农业就能让国家强起来。因为在大多数现代化强国，农业占GDP和就业的比重均较低，农业很难成为支撑国家强的主要动力源，充其量只能说农业强可以成为国家强的众多动力源之一，或者说农业立国。在更大程度上可以说，农业强是国家强在农业上的映射和侧影。本文对农业强国内涵的界定将基于这种理解。

长期以来，关于农业强国的研究比较少见。现有的研究大致存在两种倾向。一种倾向是强调农业强国是动态的、国际比较的概念。如魏后凯、崔凯（2022）认为，农业强国突出"农业强"，是通过综合多维指标评价得出的广义概念，其内涵随着时间发生动态变化；如一国农业整体或农业优势部门的现代化位居世界前列，并具有引领世界农业发展的能力，则可称之为农业强国[1]。另一种倾向是强调建成什么样的农业强国，必须基于国情农情。如叶贞琴（2016）认为，中国要建成的农业强国，必须在供给保障能力、产业体系、农业可持续发展能力、农业科技实力、农业经营主体活力等方面具有比较强的实力[2]。但是，细究起来，二者并无明显矛盾。魏后凯、崔凯（2022）强调的是何为农业强国应该基于国际比较[3]，叶贞琴（2016）强调的是建成什么样的农业强国、

---

[1] 魏后凯、崔凯：《建设农业强国的中国道路：基本逻辑、进程研判与战略支撑》，《中国农村经济》2022年第1期。
[2] 叶贞琴：《现代农业强国有五大重要标志》，《农村工作通讯》2016年第23期。
[3] 魏后凯、崔凯：《建设农业强国的中国道路：基本逻辑、进程研判与战略支撑》，《中国农村经济》2022年第1期。

第一章 农业强国及其共同特征

怎样建设农业强国,应该立足本国国情农情[①]。我们将二者结合起来,才能更好地理解农业强国或建设、建成农业强国的深刻内涵。

强、弱本是比较概念,农业强国作为现代农业强国、"世界现代农业强国"的简称,必须基于世界范围或国际比较,才能做出是否是农业强国的判断。一个国家能够成为农业强国,其前提和底线是这个国家实现了农业现代化,甚至要求农业现代化达到世界较高水平,农业显示了较强的比较优势,具有较强的创新力、国际竞争力和可持续发展能力。但实现了农业现代化并不必然意味着建成了农业强国,只有同时具备这种条件的少数发达国家才能被称为农业强国[②],因为还要看其有无规模化的可圈可点的农业比较优势和创新力、国际竞争力和可持续发展能力[③]。值得注意的是,农业产业链供应链韧性和安全水平高,也是农业可持续发展能力强的重要表现。

此外,现代化是个系统工程,农业现代化不可能脱离其他方面的现代化孤军独进。实现了农业现代化的国家往往都拥有较为发达的现代农业产业体系,而现代农业产业体系与现代产业体系之间,与作为其背景或底蕴的现代科技、教育、文化、生态环境之间,往往如同鱼和水的关系,也是现代农业与先进制造业、现代服务业深度融合互动的结果。因此,实现了农业现代化的国家

---

① 叶贞琴:《现代农业强国有五大重要标志》,《农村工作通讯》2016年第23期。
② 魏后凯、崔凯:《建设农业强国的中国道路:基本逻辑、进程研判与战略支撑》,《中国农村经济》2022年第1期。
③ 从后文分析可见,较为准确的说法还应包括粮食和重要农产品供给保障能力,下同。

基本上都属于现代化发达国家（以下简称发达国家），除现代农业的发展要融入现代化产业体系，与先进制造业、现代服务业等现代化产业体系的"组件"相融相长外，还要有现代化的文化、科技、教育、生态环境等作为支撑。但发达国家也未必属于现代农业强国。因为现代农业强国在发达国家中应该属于发展现代农业的佼佼者，农业显示了较强的比较优势，展示了较强的创新力、国际竞争力和可持续发展能力，并在其比较优势和强势竞争力领域有一定的规模或"体量"作为支撑。如英国早已实现了农业现代化，但英国农产品贸易长期处于净进口状态[1]，除威士忌等少数产品外，具有较强比较优势或国际竞争力的规模化农业及其关联产品并不多。因此，可以将英国排除在现代农业强国之外。

至于未进入世界发达国家行列的国家，绝大多数也谈不上实现了农业现代化，更谈不上建成农业强国。比如，尽管俄罗斯和乌克兰在世界粮食和化肥供应中占据重要地位，但由于其与实现现代化还有很大差距，谈不上实现了农业现代化，更称不上是世界农业强国。2020年，俄罗斯和乌克兰的人均GDP（名义）分别仅为10126.72美元和3724.94美元[2]。俄罗斯农业长期处于落后状态，近年来农业虽然逆势增长[3]，但农业发展离实现现代化仍有很

---

[1] 如按现价计算，2000年英国农产品净进口为91.06亿美元，2007年扩大到303.41亿美元，2020年达到351.17亿美元。本章数据凡未注明出处者，数据来源均同表1-1、表1-2。
[2] 本书涉及各国人均GDP数据，来自 https://data.worldbank.org/indicator/NY.GDP.PCAP.CD，访问日期为2022年4月30日。因访问日期变化，2022年8月20日访问时，世界银行对2020年的部分数据进行了微调。但这种数据变化，不影响本书分析结论。
[3] 郭翔宇、崔宁波：《俄罗斯农业》，中国农业出版社2021年版，第13页。

大距离。乌克兰虽拥有世界30%的黑土地，有"欧洲粮仓"之称，是世界第三大粮食出口国，但农业基础设施相对落后，农机实际拥有量与实际需求相比有很大差距，且多数老一代农机性能低下，可靠性不足[①]。

综上所述，在考虑哪些国家属于农业强国时，可以将2020年人均GDP达到世界银行划定的高收入国家平均水平的70%、具有规模化的农业比较优势和强势竞争力领域作为两个一票否决指标[②]。2020年高收入国家人均GDP为44003.41美元，据此作为农业强国的候选者，2020年人均GDP应该达到30800美元以上。2020年韩国人均GDP（当年价）为31597.50美元，农产品长期保持净进口状态，虽在世界农业竞争中具有较强的比较优势，但展示较强创新力、国际竞争力和可持续发展能力的突出亮点并不多。据此，也可将中国近邻韩国排除在农业强国之外。综合考虑以上两个一票否决指标，根据表1-1的主要评价指标，我们选择的农业强国见表1-1。需要说明的是，本研究无意列出所有农业强国名单，少数国家由于数据和相关资料缺乏，我们对其农业比较优势和强势竞争力可能了解得不透，可能将其遗漏于农业强国的名单之外，但这不影响我们对农业强国基本特征、历史经验和普遍规律的分析。

---

① 魏凤、〔乌克兰〕沃洛季米尔·丘尔切夫：《乌克兰农业》，中国农业出版社2021年版，第22—24页。
② 此处选用2020年人均GDP等数据作为判断依据，纯属因为2020年属于当前可得系统化数据最新的年份，无他意。

表 1-1 农业强国 2020 年主要评价指标及与相关国家比较

国家		人均名义GDP（现价）/美元	城市化率/%	农业劳动生产率（现价）**/万美元	农业劳均固定资产形成总额/万美元/人**	农业从业人数占比/%**	农业比较优势和强势竞争力例证
农业强国	美国	63593.44	82.66	8.97	2.77	1.36	农产品出口综合竞争优势、农业跨国公司、食品加工、农业科技世界领先、世界领先的生物育种、农机装备、农业数字化技术
	加拿大	43294.65	81.56	10.29*	1.57	1.51	农产品出口综合优势、有机食品、畜产品出口优质高效、食品制造
	法国	39030.36	80.98	5.92	1.86	2.53	葡萄酒、食品产业、农产品出口
	德国	46208.43	77.45	5.89	2.19	1.21	畜牧业发达、奶制品和焙制食品、农机装备、农业4.0
	意大利	31714.22	71.04	4.19	1.24	3.89	农业科技，优质农产品生产如优质葡萄酒等饮料、果蔬、大米和谷物制品、奶酪等
	澳大利亚	51692.84	86.24	9.06	2.35	2.56	肉牛、奶牛、羊和羊毛、乳制品、优质葡萄酒
	新西兰	41441.47	86.70	7.95*	1.66	5.84	羊肉、羊毛和乳制品出口，涉农旅游业
	丹麦	61063.32	88.12	6.70	2.85	2.22	有机农业
	荷兰	52397.12	92.24	8.02	3.30	2.08	设施农业及科技、花卉出口、种子产业化
	以色列	44169.94	92.59	13.07	2.24	0.92	特色精准农业技术及设施，世界滴灌技术和设备发展的旗舰，优质高产良种，优质水果、蔬菜、花卉出口，生物防控，高端农产品品牌，水果采购处理和保鲜技术

(续表)

	国家	人均名义GDP（现价）/美元	城市化率/%	农业劳动生产率（现价）**/万美元	农业劳均固定资产形成总额/万美元/人**	农业从业人数占比/%**	农业比较优势和强势竞争力例证
附	日本	40193.25	91.78	2.27	0.69	3.38	精品农业
	高收入国家	44003.41	81.76	—	—	2.75	
	世界平均	10918.72	56.16	0.40	0.06	26.69	
	中国	10434.78	61.43	0.52	0.08	25.33	

数据来源：指标或数据后带 * 的为 2018 年数据，带 ** 的为 2019 年数据；人均名义 GDP 来自 https://data.worldbank.org/indicator/NY.GDP.PCAP.CD，城市化率来自 https://data.worldbank.org/indicator/SP.URB.TOTL.IN.ZS，农业劳动生产率 = 农业增加值 / 农业从业人数，农业劳均固定资产形成总额 = 农业固定资产形成总额 / 农业从业人数，其中农业增加值来自 https://data.worldbank.org/indicator/NV.AGR.TOTL.CD，农业固定资产形成总额来自 https://www.fao.org/faostat/en/#data/CISP，农业从业人数数据来自 https://www.fao.org/faostat/en/#data/OE，农业从业人数占比，即农业从业人数占总就业人数的比重来自 https://data.worldbank.org/indicator/SL.AGR.EMPL.ZS。

借鉴关于制造强国的研究，有利于更好地把握农业强国的内涵。如朱高峰、王迪（2017）提出，一个国家制造业的强弱是与他国比较而言的相对概念，可从产业规模、产业基础、产出效率和产业潜力等多个维度进行判断和综合考量，构建国别比较的评价指标选择要注意核心性、可得性、可比性和弱相关性[1]。李金华（2016）基于现有研究文献关于制造强国特征标准等阐述，从制造业结构、生产效率、国际顶级制造品牌、制度及创新环境等方面，

---

[1] 朱高峰、王迪：《当前中国制造业发展情况分析与展望：基于制造强国评价指标体系》，《管理工程学报》2017 年第 4 期。

将中国制造业与世界制造强国进行比较[1]。借鉴这些研究可见，尽管建设农业强国的过程需要立足本国国情农情，但重视农业现代化水平和农业创新力、国际竞争力、可持续发展能力等指标的国际比较，借此找准与世界农业强国的差距也是重要的。当然，农业现代化水平只能通过农业劳动生产率、农业劳均固定资产投资形成总额等指标间接反映。

二、农业强国的主要类型

综观世界，农业强国往往在农业及其关联产业的优势、特色领域，具有规模化的引领世界农业发展潮流的独特优势，或在世界农业及其关联产品的市场竞争中，能够形成值得重视的国际竞争力。魏后凯、崔凯（2022）的研究根据每个农业强国体现的比较优势，将世界农业强国分为综合型农业强国和特色型农业强国两大类，后文将其分别简称为综合农业强国和特色农业强国[2]。他们认为综合农业强国不仅农产品产出水平高、品类丰富，而且在世界农产品贸易中占据主导地位，甚至领先世界；特色农业强国以农业中特定产业或部门的强势竞争力闻名于世。魏后凯、崔凯（2022）还认为，美国是综合农业强国，加拿大、澳大利亚、丹麦、

---

[1] 李金华：《中国制造业与世界制造强国的比较及启示》，《东南学术》2016年第2期。
[2] 魏后凯、崔凯：《建设农业强国的中国道路：基本逻辑、进程研判与战略支撑》，《中国农村经济》2022年第1期。

法国、意大利、德国、荷兰、以色列和日本属于特色农业强国[①]。我们基本同意魏后凯、崔凯（2022）关于综合农业强国和特色农业强国特征的概括，但对哪些国家属于综合农业强国、哪些国家属于特色农业强国，多少有些不同看法。我们认为：

1. 除美国外，综合农业强国还应包括加拿大、法国、澳大利亚、意大利等国

加拿大农业资源丰富，农产品生产种类齐全，油菜籽、豌豆产量居世界第一，蓝莓产量居世界第二；盛产葡萄酒、白酒和啤酒，是世界上最大的酒生产国；畜牧业和渔业生产在世界占据重要地位，拥有发达的畜禽产品加工业，出口畜产品优质高效，是世界知名的鱼类和海鲜原料供应国。加拿大还拥有绝对优势的森林资源，是世界认可度较高的有机食品生产国[②]。该国农产品长期处于净出口状态，近年来净出口规模不断扩大，2000年农产品净出口额为40.25亿美元，2020年增加到149.06亿美元，增加了2.70倍。

法国以平原为主的地形条件、以棕色森林土和褐土为主的土壤条件、优越的气候条件、丰富的水资源状况等，为农业的多样化发展和建设综合农业强国提供了便利，农产品长期保持净出口状态，主要出口产品为谷物、糖、葡萄酒、牛肉、禽肉、牛奶和奶酪等。

澳大利亚之前属于特色农业强国，但近年来已经较为成功地

[①] 魏后凯、崔凯：《建设农业强国的中国道路：基本逻辑、进程研判与战略支撑》，《中国农村经济》2022年第1期。
[②] 刘英杰、苏洋：《加拿大农业》，中国农业出版社2021年版，第20—35页。

实现了由特色农业强国向综合农业强国的跨越。近年来，澳大利亚农业结构日益多元化，由之前的小麦和羊占据绝对优势，转变为渔业、林业、种植业、畜牧业并举格局；澳大利亚农业出口导向型特征显著，农业生产高度依赖国际市场，农产品出口结构由之前的以羊毛为主，逐步转变为畜产品、谷物和经济作物等多种产品并重[1]。2019年澳大利亚劳均农产品净出口额达58885.81美元，仅低于荷兰、新西兰和丹麦的水平，明显高于现有的其他农业强国。

虽然意大利人均GDP跟韩国大致相当，2020年为31714.22美元，但从2016年以来意大利已由农产品长期净进口国转为净出口国。在农业科技和优质农产品生产中，意大利也具有世界领先优势。因此，我们仍可将意大利纳入综合农业强国之列。

表1-2　2020年农业强国部分相关指标及与相关国家比较

国家	人口规模/万人	农业增加值（现价）/亿美元	农业劳均耕地面积/公顷/人*	人均耕地面积/公顷/人*	谷物自给率/%
美国	32948.41	1965.14**	72.34	0.48	123.16
加拿大	3800.52	293.29*	135.76	1.04	184.81
法国	6739.16	420.02	26.31	0.27	209.67
德国	8324.05	282.83	22.25	0.14	104.23
意大利	5955.40	375.30	7.66	0.11	55.66
澳大利亚	2568.70	266.38	94.62	1.24	215.73
新西兰	508.43	119.96*	3.25	0.10	61.42
丹麦	583.14	46.52	38.85	0.41	112.53

---

[1] 杨东霞：《澳大利亚农业》，中国农业出版社2021年版，第3—11页。

（续表）

国家	人口规模/万人	农业增加值（现价）/亿美元	农业劳均耕地面积/公顷/人*	人均耕地面积/公顷/人*	谷物自给率/%
荷兰	1744.11	144.60	5.54	0.06	9.40
以色列	921.69	46.97	10.77	0.04	5.77
日本	12583.60	518.51**	1.77	0.03	31.95
附 中国	141092.94	11267.40	0.59	0.09	94.89

数据来源：指标或数据后带 * 的为 2018 年数据，带 ** 的为 2019 年数据；人均耕地面积来自 https://data.worldbank.org/indicator/AG.LND.ARBL.HA.PC?view=chart；谷物自给率 = 谷物产量 /（谷物产量 + 谷物进口量 − 谷物出口量），数据来自 https://www.fao.org/faostat/en/#data/QCL 和 https://www.fao.org/faostat/en/#data/TCL；农业劳均耕地面积 = 耕地面积 / 农业从业人数，其中耕地面积数据来自 https://data.worldbank.org/indicator/AG.LND.ARBL.HA，农业从业人数数据来自 https://www.fao.org/faostat/en/#data/OE；人口规模来自 https://data.worldbank.org/indicator/SP.POP.TOTL；农业增加值来自 https://data.worldbank.org/indicator/NV.AGR.TOTL.CD。本章数据来源与此相同。

2. 有些农业强国农业呈净进口状态，但仍在部分领域保持竞争优势

虽然农业强国一定要体现在较强的农业国际竞争力上，但有些发达国家农业人均自然资源贫乏、劳动力成本高，农产品长期呈现净进口状态；同时，在农业及其关联产业的部分领域，具有较强的竞争优势。我们不能因为其农产品国际贸易长期处于净进口状态，就将其排除在农业强国之外。

德国是世界主要谷物生产大国、世界主要的马铃薯生产国之一，是欧盟乃至世界著名的畜牧业发达国家，也是欧盟森林资源最丰富的国家和世界主要林产品生产国，渔业资源品种丰富，是世界最大的农业机械出口国和西欧最大的农机生产国[1]。因此，尽

---

[1] 李婷：《德国农业》，中国农业出版社 2021 年版，第 21—28 页。

管德国农产品长期处于净进口状态,如2000年、2020年农产品净进口额分别为103.33亿美元和162.08亿美元,但德国至少仍属于特色农业强国。

日本的情况与德国有部分相似性。自然资源相对贫乏,导致日本农业劳动生产率低于自然资源相对富裕的其他农业强国[1],这有其合理性。以2019年为例,按2015年美元不变价格计算,用劳均农业增加值衡量农业劳动生产率,则同年日本农业劳动生产率为1.78万美元,仅及同年高收入国家平均水平的44.06%,明显低于美国、加拿大、德国、法国水平。尽管日本农业现代化水平较高,但由于资源禀赋等限制,长期以来,日本对农产品进口依赖程度较高,农产品贸易处于较大的逆差状态,甚至谷物自给率长期停留在略高于30%的水平。如2019年日本农业增加值为518.51亿美元,2020年日本农产品净进口额为509.56亿美元,谷物自给率为32%。该国农产品在总体上并无显著的国际竞争优势,且农产品价格水平较高。但与此同时,日本农业发展在一些特色领域也确实有规模化的富有国际竞争力的亮点,如"差异化的品种选育、农艺技术、流通技术与农业科技推广体系的有机衔接,大大提升了产品附加值,形成了具有日本特色的精品农业发展道路"[2]。因此,不能因为日本农产品贸易在总体上呈现逆差状态,就将日本排除在农业强国之外。况且,日本探索建设农业强国的过

---

[1] 如2018年,日本、德国和美国人均耕地面积分别为0.03公顷、0.14公顷和0.48公顷,三者人均农业用地面积分别为0.035公顷、0.20公顷和1.23公顷。
[2] 曹斌:《日本农业》,中国农业出版社2021年版,第2页。

程虽然有经验,但也有教训,这昭示着具有类似资源禀赋特征的东亚国家,在建设农业强国的过程中,对于欧美国家建设农业强国的模式与路径,不能亦步亦趋、照搬照抄,要注意探索与欧美农业强国建设不同的发展路径和模式。

3. 特色农业强国具有较强的特色竞争优势

特色农业强国出于资源禀赋等原因,通常导致农业发展多样化程度低,或农业在总体上并无显著的国际竞争优势,但农业及其关联产业特定部门或特色产业链往往具有较强的国际竞争力。如欧洲小国荷兰,其花卉产业和设施农业闻名于世,农业附加值之高世界领先,2020年农产品净出口额为309.65亿美元[①],位居农业强国之首。2020年仅有583.14万人口的丹麦,有机农业誉满全球,有"欧洲食厨"之称。同年仅有921.69万人口的以色列,沙漠多、耕地少、水资源短缺,但在发展特色精准农业方面却取得了骄人成绩,农业劳动生产率在世界农业强国中位居第一,享有欧洲"冬季厨房"美誉,滴灌设备、新品种开发、低压滴灌技术、海水淡化技术享誉世界,推动荒芜沙漠变成农业绿洲,每年有大量优质水果、蔬菜、花卉等出口。考虑人口、农业增加值等规模,日本、德国属于农业体量大的特色农业强国,荷兰、丹麦、以色列、新西兰属于农业体量小的特色农业强国。

---

① 本章相关数据,凡未注明出处者,均同表1–1。

4. 按照资源禀赋还可将世界农业强国进一步细分

具体地说，主要有：（1）耕地等自然资源充裕的综合农业强国，主要包括美国、加拿大和澳大利亚等。以 2018 年为例，在这三个国家中，全国人均耕地面积和农业劳均耕地面积最低的分别为美国的 0.48 公顷和 72.34 公顷（图 1-1）。美国走的是规模化的综合农业强国之路。（2）耕地等资源禀赋不足的日本、以色列和荷兰，作为特色农业强国走精品农业发展道路。（3）耕地等资源禀赋介于二者之间的法国、意大利、新西兰、德国和丹麦，法国和意大利属于综合农业强国，新西兰、德国和丹麦属于特色农业强国。

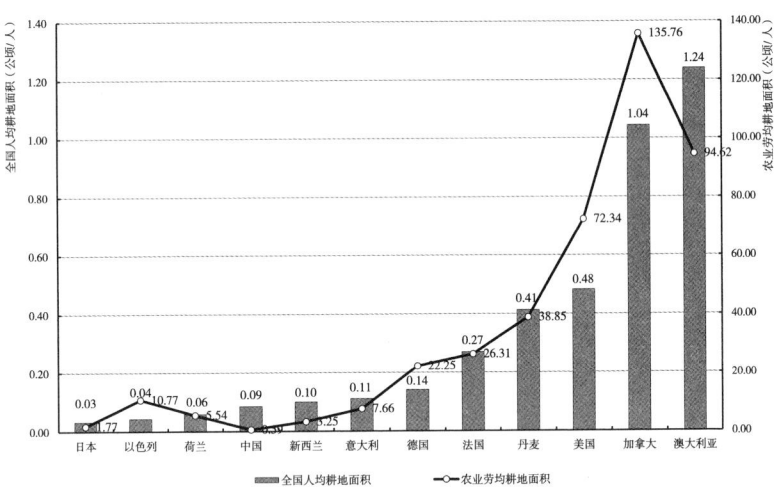

图 1-1 2018 年农业强国全国人均耕地面积、农业劳均耕地面积及与中国比较

注：在本图中，全国人均耕地面积数据来自 https://data.worldbank.org/indicator/AG.LND.ARBL.HA.PC?view=chart；农业劳均耕地面积等于 = 耕地面积 / 农业从业人数，耕地面积数据来自 https://data.worldbank.org/indicator/AG.LND.ARBL.HA，农业从业人数数据来自 https://www.fao.org/faostat/en/#data/OE。

三、六高六强

世界农业强国的发展过程虽然异彩纷呈,但都能顺应国情农情、发展阶段和国内外发展环境、发展需求的变化,统筹推进农业及其关联产业(链)质量变革、效率变革、动力变革。世界农业强国发展史,往往凝聚了各农业强国为增强粮食及重要粮食和重要农产品供给保障能力所进行的不懈努力,体现了其在增强农业及其关联产业创新驱动发展能力、国际竞争力、可持续发展能力久久为功的追求,是农业强国在这些方面统筹兼顾的结晶。综合来看,世界农业强国往往具有以下"六高六强"的特征。

1. 经济发展水平高,粮食和重要农产品供给保障强

2020年,美国、法国、澳大利亚、新西兰、荷兰的人均名义GDP分别为63593.44美元、39030.36美元、51692.84美元、41441.47美元、52397.12美元,城市化率分别为82.66%、80.98%、86.24%、86.70%、92.24%;而同年世界人均名义GDP和城市化率的平均水平分别仅为10918.72美元和56.16%(图1-2)。这些国家较高的经济发展水平和城市化率,为加强农业支持保护提供了便利,也为利用发达的市场经济体制促进农业创新力、竞争力和可持续发展能力的提升创造了条件。实际上,这也有利于为实现农业的高质量发展,为推进标准引领、质量兴农、绿色兴农、品牌强农、服务强农,提供良好的需求拉动。如第二次世界大战以后,法国长期实行"以工养农"政策,不仅对农业生产提

农业强国

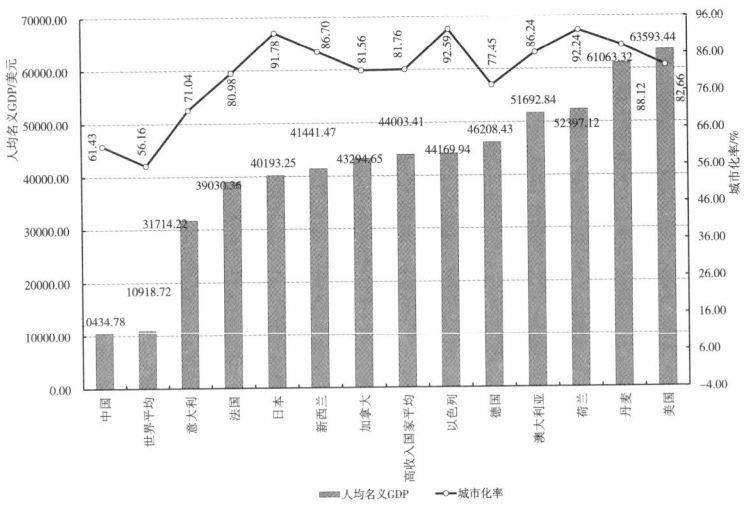

图1-2 2020年农业强国人均名义GDP、城市化率及与相关国家比较

资料来源：人均名义GDP数据来自世界银行WDI数据库，城市化率数据来自World Bank Open Data（https://data.worldbank.org/indicator/SP.URB.TOTL.IN.ZS?locations=CA-AU-US-IL-NL-FR-DE-DK-JP-IT-1W-XD）。

供巨额直接补贴，还对农业关联活动提供大量公共投入。这在很大程度上得益于其较高的经济发展水平，以及由此带来的较强的财政支持能力。在很大程度上可以说，农业强国离不开现代化经济体系的滋养，农业强国建设不可孤军独进；建设现代化强国是建设农业强国不可或缺的"生态"或底蕴。如法国既是农业强国，又是世界著名的工业强国和服务业强国。法国推进工业和服务业强国建设的过程，也是作为农业强国不断成长的过程。德国工业高度发达，尤以重工业为重，结合实施工业4.0，为提高农业机械化、标准化、信息化水平提供了雄厚的装备支撑。如德国谷物的生产和收储，牧草的收割、翻晒、起堆、打包等作业环节早已全部使用机械[①]。高度的农业机械化、标准化、信息化融合发展，为提高农业生产效率、增强农业竞争力提供了便利。

在农业强国中，有的农业资源和农产品品类丰富，主要依靠自身就能为粮食和重要农产品供给提供强劲保障。如2020年美国、加拿大、法国、澳大利亚、德国和丹麦的谷物自给率分别达到123.16%、184.81%、209.67%、215.73%、104.23%和112.53%；同年，美国、加拿大、澳大利亚人口规模分别为32948.41万人、3800.52万人、2568.70万人，人均谷物产量分别为世界人均产量的3.42倍、4.43倍和2.68倍。

有的农业强国出于资源贫乏等原因，依靠自身难以保障粮食和重要农产品有效供给，但由于经济发展和人均收入水平高，通过国际市场仍能为粮食和重要农产品供给提供强劲支撑。国际市场粮食和重要农产品价格即便出现短期超常上涨，并因此增加其保障粮食安全和重要农产品有效供给的代价，但较高的经济发展水平和较强的经济实力，仍然为其通过国际市场保障粮食安全和重要农产品有效供给提供强劲支撑。如2020年意大利、新西兰、日本、荷兰、以色列的谷物自给率分别仅为55.66%、61.42%、31.95%、9.40%和5.77%[②]。2020年，以色列、荷兰、意大利、日本人均谷物产量分别仅为世界人均谷物产量的6.91%、20.27%、

---

① 李婷：《德国农业》，中国农业出版社2021年版，第28页。
② 这几个国家农产品总体的进出口情况也有所不同，新西兰、荷兰农产品长期保持净出口状态，近年来意大利农产品也由净进口转为净出口，但日本和以色列农产品一直呈现净进口格局。

73.72%、22.49%，其中意大利、日本的人口规模较大，分别为5955.40万人和12583.60万人，但以色列、荷兰人口规模分别仅为921.69万人和1744.11万人。拥有1700多万人口的荷兰，自2010年以来谷物年均净进口1128.05万吨，其中2018—2020年已连续3年超过1300万吨。人口规模小的部分特色农业强国，通过国际市场实现粮食安全和重要农产品有效供给的回旋空间更大。如人多地少的荷兰2020年国土面积仅为4.15万平方千米，长期奉行贸易立国，农产品大进大出，农产品出口率和劳均出口创汇值高居世界第一。

2. 农业（比较）劳动生产率高，物质技术装备强

跻身世界农业强国之列，一定具有更高甚至世界领先的农业现代化水平。而农业劳动生产率和农业比较劳动生产率水平，是衡量农业现代化水平高低的重要标尺。因此，农业强国的农业劳动生产率和农业比较劳动生产率水平，往往位居世界国家前列；甚至其农业劳动生产率多数明显高于高收入国家农业劳动生产率的平均水平，更明显高于我国（表1-3、表1-4、图1-3）。按2015年美元不变价格计算，大多数农业强国的农业劳均增加值达到或超过高收入国家的平均水平，仅日本低于、意大利略低于高收入国家平均水平。尽管如此，日本农业劳动生产率仍然相当于我国的3.18倍、世界平均水平的4.45倍。

当然，农业劳动生产率受农业劳均资源，特别是农业劳均耕地面积的影响较大。在资源禀赋大致相当的背景下，比较不同国

家的农业劳动生产率更有价值[①]。如我国与日本同属人多地少的东亚国家，劳均耕地面积与其他农业强国差距较大，由此导致虽然日本是农业强国，但日本与其他农业强国农业劳动生产率的差距仍然较大；而我国同日本农业劳动生产率的差距，甚至还明显小于日本同其他农业强国农业劳动生产率的差距。尽管澳大利亚农业土地平均质量较低，农作物单产也是发达国家中最低的[②]，但由于澳大利亚人均耕地面积是农业强国中最多的，其农业劳动生产率水平也是农业强国中较高的（表1-1、表1-3、表1-4）。可见，如果不考虑资源禀赋特点，主要依据农业劳动生产率指标或农业比较劳动生产率水平指标，就将日本排除在农业强国之外，也是缺乏合理性的。

不仅如此，无论是按现价计算，还是按不变价格计算，这些农业强国农业比较劳动生产率水平都较高，或在较高水平上保持基本稳定（表1-4）。从不同时间的比较还可以看出，不同国家按2015年美元不变价格计算的农业劳动生产率和农业比较劳动生产率水平，在总体上都呈不断提高的趋势。这说明，就总体而言，这些农业强国农业现代化与工业现代化、服务业现代化水平的差距正在明显缩小，农业现代化与工业现代化、服务业现代化融合发展的水平也在明显提高。

---

① 如虽然俄罗斯和乌克兰两国经济发展和农业现代化水平较低，但2018年俄罗斯和乌克兰的农业劳均耕地面积分别达到29.18公顷和12.35公顷（中国仅为0.59公顷），分别相当于中国的49.46倍和20.93倍，因此2019年俄乌两国按2015年美元不变价格计算的农业劳动生产率分别达到14201.45美元和4887.78美元，俄罗斯高出中国1.53倍，乌克兰也仅低于中国12.9%。
② 杨东霞：《澳大利亚农业》，中国农业出版社2021年版，第17页。

表 1-3　主要农业强国农业劳动生产率变化及与相关国家比较　单位：万美元/人

	国家	2000年	2005年	2010年	2015年	2019年
农业强国	美国	7.12	9.29	8.29	8.69	10.01
	加拿大	5.70	7.21	7.69	9.69	11.31
	法国	3.38	3.56	4.63	5.34	5.36
	德国	2.23	2.32	3.74	4.07	4.37
	意大利	3.53	3.84	4.32	4.49	4.03
	澳大利亚	5.71	7.65	8.41	10.27	8.68
	新西兰	4.13	4.97	4.33	5.43	5.08
	丹麦	2.95	3.23	4.40	4.30	5.20
	荷兰	4.19	3.89	4.85	6.76	7.22
	以色列	4.85	7.88	9.47	9.55	10.22
	日本	2.02	1.84	2.00	1.98	1.78
附	高收入国家	2.46	2.89	3.19	3.62	4.04
	世界	0.20	0.23	0.27	0.35	0.40
	中国	0.14	0.19	0.28	0.43	0.56

注：在本表中，农业增加值按2015年美元不变价格、农业劳动生产率按劳均农业增加值计算。数据来自世界银行，https://data.worldbank.org/indicator/NT.AGR.EMPL.KD

表 1-4　世界农业强国农业比较劳动生产率及与中国比较　单位：%

国家	农业比较劳动生产率（按2015年美元不变价格）					农业比较劳动生产率（按当年价格）				
	2000年	2005年	2010年	2015年	2019年	2000年	2005年	2010年	2015年	2019年
美国	70.92	84.41	70.61	70.91	78.92	68.75	79.84	71.92	71.03	65.91
加拿大	80.41	93.48	93.19	111.69	127.08	81.62	86.81	80.25	110.46	111.3*
英国	46.13	49.11	49.06	55.43	57.19	54.60	39.15	48.29	54.21	56.71
法国	38.15	39.98	51.36	57.92	55.53	47.84	44.11	52.67	58.12	58.85
德国	28.51	29.03	46.02	48.74	51.48	37.24	30.70	47.94	48.54	64.21

（续表）

国家	农业比较劳动生产率（按2015年美元不变价格）					农业比较劳动生产率（按当年价格）				
	2000年	2005年	2010年	2015年	2019年	2000年	2005年	2010年	2015年	2019年
意大利	40.09	44.58	51.26	54.95	49.13	49.52	48.01	47.26	55.07	48.68
澳大利亚	58.27	73.64	78.61	89.51	74.99	63.97	80.35	67.49	89.17	83.76
新西兰	62.33	71.43	60.50	72.29	68.19	88.46	64.90	96.52	72.26	99.36*
丹麦	30.46	31.62	41.27	38.48	44.73	58.24	35.87	47.10	38.42	55.48
荷兰	51.14	44.27	54.50	73.45	77.22	69.16	49.63	57.11	73.47	79.17
以色列	65.98	108.15	121.72	115.92	114.78	59.84	101.20	128.64	127.07	130.31
日本	32.23	27.27	29.39	28.09	25.83	29.30	24.44	26.58	27.87	29.49
附 中国	37.40	31.75	28.16	30.29	29.60	29.13	26.05	25.52	29.52	27.73

注：在本表中，农业比较劳动生产率＝（农业劳动生产率/全社会劳动生产率）×100%，按2015年美元不变价格和按当年价格分别是指在计算农业劳动生产率、全社会劳动生产率时，农业增加值、全社会GDP分别按2015年美元不变价格和当年价格计算。计算农业劳动生产率时，数据来自世界银行，https://data.worldbank.org/indicator/NV.AGR.EMPL.K 和 https://data.worldbank.org/indicator/NV.AGR.TOTL.CD，农业从业人数来自 https://www.fao.org/faostat/en/#data/OE；计算全社会劳动生产率时，GDP来自世界银行，https://data.worldbank.org/indicator/NY.GDP.MKTP.KD；总就业人数来自国际劳工统计局（ILO），https://www.ilo.org/shinyapps/bulkexplorer38/?lang=en&segment=indicator&id=EMP_2EMP_AGE_STE_NB_A；带*数据表示因缺乏2019年数据，用2018年数据代替。

世界农业强国农业劳动生产率或农业比较劳动生产率水平高，固然原因很多，但一个重要原因是现代农业物质技术装备水平高，为引领支撑现代农业发展提供了坚实基础。当然，这些农业强国农业劳动生产率水平高，也为其提高农业经营主体的收入水平提供了强劲支撑，促使农业经营主体有能力、涉农利益相关者有动力去提高农业物质技术装备水平。农业强国的农业物质技术装备水平高，在农业劳均固定资产形成总额上有突出体现。以2019年

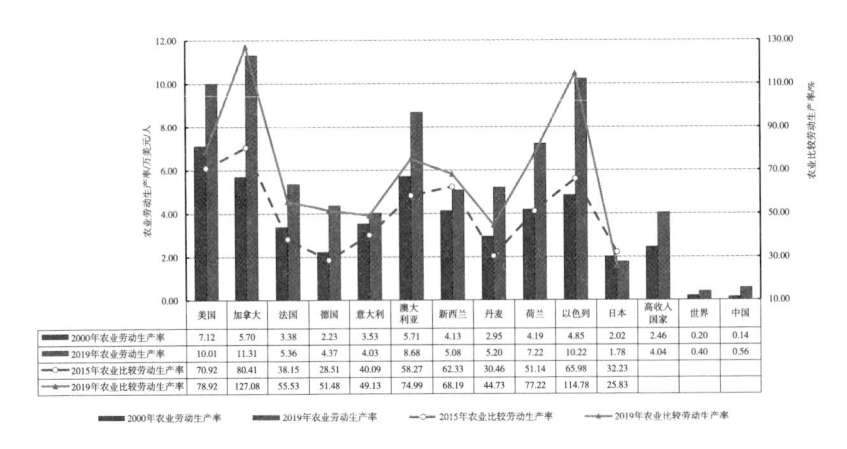

	美国	加拿大	法国	德国	意大利	澳大利亚	新西兰	丹麦	荷兰	以色列	日本	高收入国家	世界	中国
2000年农业劳动生产率	7.12	5.70	3.38	2.23	3.53	5.71	4.13	2.95	4.19	4.85	2.02	2.46	0.20	0.14
2019年农业劳动生产率	10.01	11.31	5.36	4.37	4.03	8.68	5.08	5.20	7.22	10.22	1.78	4.04	0.40	0.56
2015年农业比较劳动生产率	70.92	80.41	38.15	28.51	40.09	58.27	62.33	30.46	51.14	65.98	32.23			
2019年农业比较劳动生产率	78.92	127.08	55.53	51.48	49.13	74.99	68.19	44.73	77.22	114.78	25.83			

图 1-3 农业强国按 2015 年美元不变价格计算的农业劳动生产率、农业比较劳动生产率及与相关国家比较

为例，在现有的世界农业强国中，农业劳均固定资产形成总额最低的日本和最高的荷兰，分别为 0.69 万美元和 3.30 万美元，分别相当于我国的 8.60 倍和 41.25 倍（图 1-4）[①]。全国人口仅 1700 多万人的荷兰，国土面积小、人均耕地面积少，但农产品净出口额长期在世界名列前茅，甚至 2015—2020 年已连续 6 年位居农业强国之首，这与其较高的农业物质技术装备水平也有很大关系。美国早已形成健全完善的农业机械化体系，农业生产各项作业几乎全部采用农业机械，不仅农业机械总量大、专业化机械多，而且机械生产能力大、机械性能完善、自动化水平高；近年来在农机大型化、高速化发展的同时，节本增效降险机械和高效小型机械也发展很快[②]。德国的农业机械化长期名列世界前茅，其农机产品

---

① 此处农业劳均固定资产形成总额按照各国农业固定资产形成总额（现价）除以农业从业人数计算。
② 张广胜：《美国农业》，中国农业出版社 2021 年版，第 30—32、159—162 页。

以拖拉机等动力设备为主，大功率拖拉机渐成主流，并向复式作业和联合作业方向发展，为提高农业劳动生产率和竞争力提供了重要依托[①]。许多农业强国在农场规模扩大的同时，农场资本密集度提高，农业机械化和农机智能化、高效化、大型化、复杂化程度不断提升，也推动了农业物质技术装备水平的提高。

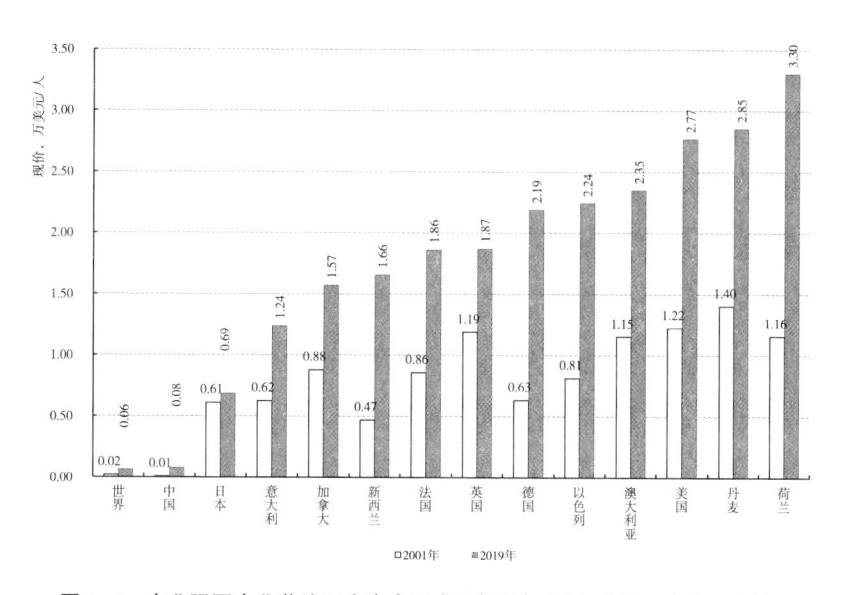

图 1-4　农业强国农业劳均固定资产形成总额及与中国、世界平均水平比较

3. 农业优质化、安全化、绿色化、品牌化水平高，国际竞争力和品牌影响力强

就总体而言，世界农业强国农业及其关联产品，如包括食品在内的农产品加工品，往往优质化、绿色化和品牌化程度高，食

---

① 李婷：《德国农业》，中国农业出版社2021年版，第28—29页。

品安全水平高。如意大利的优质农产品生产世界领先,是欧盟成员国中拥有最高级别农产品认证最多的国家,堪称欧盟DOP(原产地保护)、IGP(地理标志保护)、STG(传统特产保护)认证农业/食品产品的领头羊。在500余种意大利葡萄酒中,接近80%是DOP产品,超过20%是IGP产品[1]。丹麦长期严格限制化肥和农药使用,推动农产品高产优质。因此,丹麦多种农产品长期保持较强的国际竞争力。丹麦的猪肉、牛肉、牛奶和乳制品、家禽、方便食品、糖果和蔬菜畅销全球,一个重要原因是其有机农业发展水平位居世界前列,并长期将有机农业安全放在首位。法国农业国际竞争力强,农产品贸易长期处于顺差状态,是世界主要农产品生产国和农业食品出口国,饮料、葡萄酒和烈性酒成为该国出口最多的涉农产品。独特的酒庄文化和优质顶级的葡萄酒,铸就了法国葡萄酒产业在国内外高端市场旺盛的竞争力。近年来,法国大幅减少中低档酒产量,提高精制葡萄酒等高档酒产量。2017年,法国葡萄酒产量34.7亿升,其中精制葡萄酒(2009年更名为原产地命名保护葡萄酒)产量占70.3%,较2012年增加了23.9%[2]。德国农产品加工品牌化、农产品零售连锁化和农产品/食品批发市场的公益性,为提高农产品/食品质量安全水平提供了良好保障。许多企业将农产品加工成丰富多样的食品后,再通过商标认证、品牌销售等商业运作,提高其加工、销售食品的辨识度和附加值,因此德国食品加工业产值约为种植及畜牧业产

---

[1] 张亚辉、柯小华:《意大利农业》,中国农业出版社2021年版,第1、149页。
[2] 李岩:《法国农业》,中国农业出版社2021年版,第21页。

值的 6 倍。仅农产品加工环节，就有数以万计的食品企业和食品品牌[①]。

从农产品来看，农业强国农业较强的国际竞争力往往表现在两个方面，或二者兼而有之，或二者必居其一。第一，具有较强的价格竞争力，具体表现为出于耕地等资源禀赋充足和农产品生产、出口成本较低等原因，该国农产品在满足国内需求的同时，还能以较低价格抢占国际市场，推动所在国农产品长期保持净出口状态。如澳大利亚农业属于典型的外向型农业，长期注重通过提高农业生产效率保持农业国际竞争力，已成为世界肉牛、奶牛、羊最大的出口国之一，世界葡萄酒主要生产国和出口国，相关产品质量优良也在世界享有盛誉。美国是世界农产品第一大出口国，在世界农产品贸易中长期占据主导地位，绝大多数年份其农产品贸易呈现净出口状态。第二，虽然农业未必具有价格竞争力，甚至由于人均耕地面积较小、自然资源较为贫乏、劳动力成本高，导致农产品价格总体水平较高，或难以通过国内生产满足国内农产品消费需求，不得不保持一定规模的农产品净进口（表 1-5），但在世界农产品消费市场日益分化和细分的同时，部分优势、特色领域仍能以较高质量和品牌影响力，在农产品高端消费市场抢占较多的市场空间，实现优质优价。以色列、德国、日本、新西兰、澳大利亚都存在类似情况。日本的精品农业举世瞩目，神户牛肉、"阳光玫瑰"葡萄品质非凡，价格明显高于普通产品。新西兰奇异

[①] 李婷：《德国农业》，中国农业出版社 2021 年版，第 35—39、248 页。

果号称新西兰新国宝,因品质优良在世界市场保持较强影响力和竞争力。Jaffa,是新西兰打造的最著名的农产品品牌,也是世界奇异果市场的领导品牌,长期保持品质卓越、优质优价形象,拥有国际公认可靠的食品安全系统,销往全球70多个国家或地区,销量约占世界奇异果销售总量的30%。根据杨东霞(2021)的资料,澳大利亚虽然不是世界最大的棉花出口国,但其种植的棉花因高产优质闻名于世,这种棉花也可以获得很高的销售价格[①]。

表1-5 世界农业强国农产品净出口额、人均耕地面积及与中国比较

国家	农产品净出口额/亿美元					2018年人均耕地面积/公顷/人
	2000年	2005年	2010年	2015年	2020年	
美国	113.41	-5.86	293.66	135.71	14.28	0.48
加拿大	40.25	46.73	73.94	109.65	149.06	1.04
英国	-91.06	-210.98	-284.77	-295.78	-351.17	0.09
法国	110.49	120.00	132.10	123.04	96.67	0.27
德国	-103.33	-100.76	-103.46	-108.90	-162.08	0.14
意大利	-56.06	-63.99	-60.85	-16.21	87.18	0.11
澳大利亚	122.24	143.64	169.96	224.08	155.36	1.24
新西兰	46.64	86.30	132.73	157.32	200.54	0.10
丹麦	41.64	53.74	55.84	52.72	51.52	0.41
荷兰	118.02	208.98	294.49	248.18	309.65	0.06
以色列	-8.95	-10.95	-19.26	-29.05	-44.50	0.04
日本	-342.47	-404.06	-503.97	-491.75	-509.56	0.03
附 中国	16.23	-75.04	-374.52	-615.70	-1019.64	0.09

注:在本表中,农产品净出口额=农产品出口额-农产品进口额,农产品出口额、农产品进口额数据均来自FAO,https://www.fao.org/faostat/en/#data/TCL;2018年

[①] 杨东霞:《澳大利亚农业》,中国农业出版社2021年版,第57页。

人均耕地面积数据来自世界银行，https://data.worldbank.org/indicator/AGLND.ARBL.HA.PC?view=chart

4. 专业化、规模化、特色化、产业化水平高，产业融合领先地位强

世界农业强国经过长期积累和市场竞争的洗礼，已经形成了分工发达、网络联动的现代农业产业体系，农业专业化、规模化、特色化、产业化发展位居世界领先水平，为利用比较优势增强竞争优势、提高农业质量效益竞争力创造了条件，也为抢占世界农业竞争制高点和农业价值链的关键领域、高端环节提供了便利。如美国作为世界头号农业强国，已经形成了五大湖沿岸地区的乳畜带，中央大平原地区的玉米带、小麦带和棉花带，墨西哥湾沿岸地区的亚热带作物带，美国西南部沿海地区的水果和灌溉农业产业带，不同地区依据资源禀赋专门生产具有比较优势的农产品，为实现农业节本增效提质降险、提高农业劳动生产率和在国际市场的竞争力提供了便利。第二次世界大战以来，法国致力于转变之前传统的农业混作经营方式，推动农业的区域专业化、农场专业化和作业专业化，形成了不同种类农作物的专业化产区。位于巴黎盆地和法国中部地区的大耕作区以种植粮食、甜菜、蛋白或脂肪植物为主，位于法国西部的畜牧业区以发展奶牛、肉牛、肉羊、猪、禽饲养业为主，位于法国南部的园艺生产区以生产花卉、蔬菜等为主，山区和某些农产品加工区属于农业产业混营区。谷物农场、葡萄农场、蔬菜农场等专业农场大多只经营一种农作物。耕种、收获、运输、仓储、营销甚至田间管理等过去全由农场完成的作业环节，大多外包或通过市场购买方式交由农场之外的服务企业完成[①]。在许多农业强国中，家庭农场等农业微观经营主体的农业经营呈现专业化与规模化并行发展的态势，部分家庭农场向企业化转型成为趋势，支撑农业生产经营效率和运行绩效的提升。如美国和加拿大等农业强国，作为农业生产基本单元的主要是家庭农场，近年来农场和农场主数量不断减少，但单个农场的规模却普遍更大，农场经营高度商业化。与此同时，农业区域专业化的发展，带动了农产品特色优势产区的规模化运行，也为提升农业质量效益竞争力创造了条件。

许多农业强国还是世界范围内推进农业产业化、产业融合化、产业链一体化的领头羊。如许多农业强国构建了以家庭农场为基础、以农民合作社为主导的产业链一体化经营体系，实现了从家庭农场生产，经由食品加工、物流运输和批发零售等企业环环相扣，最终到达居民餐桌。其中，农机农技农艺、金融保险、检验检测等服务环节深度融入产业链供应链，实现农业与涉农制造业、涉农服务业深度融合。丹麦通过合作社的专业公司，将农业种植养殖同农产品深加工、农产品销售甚至售后环节结合起来，形成覆盖全程的产业链，并将家庭农场融入其中，推动丹麦有机农业的发展世界领先。在当今德国，居民家庭餐桌上的食品极少有未经加工的生鲜农产品，大多是从超市采购的工业制成品或工业半成品，几乎没有市场出售未经加工的肉类、瓜果和蔬菜。农产品

---

① 李婷：《德国农业》，中国农业出版社2021年版，第19页。

加工业将初级农产品转化为居民家庭消费最省时省力、食用最安全放心的食品,推动农产品附加值最大化[1]。德国作为欧盟最大的牛奶生产国,牛奶几乎全部在国内乳品厂加工制成各种牛奶产品和乳制品。农业食品加工业已经成为法国对外贸易的支柱产业之一[2]。法国葡萄酒种植和酿造历史悠久,独特的酒庄文化和品酒艺术、风格各异的葡萄酒原产地特色和由葡萄酒产业核心企业、上下游关联企业、服务企业组成的葡萄酒产业生态,协同带动法国葡萄酒旅游享誉世界,也为提升其葡萄酒产业的国际竞争力创造了条件。澳大利亚农业生态旅游业的发展,并非简单开发农业旅游区或旅游景点,而是将创意元素融入其中,形成独具特色的农业生态旅游产品。如在澳大利亚,作为农业生态旅游业重要内容的葡萄酒主题旅游,发挥葡萄酒工业厂区、农业园区、酒庄特色,融参观、学习、购物于一体,推动旅游度假、定制配套采摘和葡萄酒酿制、红酒知识培训、SPA养生休闲等体验式服务,促进葡萄酒产业聚点成链、聚链成网发展。

在许多农业强国,由于农业产业化、产业融合化和产业链一体化的发展位居世界前列,其农业物质技术装备水平高、农业及其关联产业国际竞争力和品牌影响力强,不只表现在农业生产环节,还表现在农业产业链的上下游环节,甚至现代农业产业体系中。如德国的奶制品和焙制食品具有较为明显的出口优势。发达

---

[1] 李婷:《德国农业》,中国农业出版社2021年版,第35、51页。
[2] 中华人民共和国外交部:《法国国家概况》,https://www.mfa.gov.cn/web/gjhdq_676201/gj_676203/oz_678770/1206_679134/1206x0_679136/

的农机工业在支撑德国农业高度机械化的同时，也促进德国成为世界上最大的农机出口国、西欧最大的农机生产国。德国的农机制造业产值约占世界农机制造业总产值的10%，产品出口率高达74%[1]。2015年，德国在工业4.0基础上推出了农业4.0模式，其主要导向是生产智能化与精准化、农业全产业链协同化、农民普遍职业化和富庶化、农村生态化和城镇化。其中，农业全产业链协同化要求将农业生产、加工、流通等全产业链各环节整体推进、顺畅对接，形成系统、完整、高度协同的产业链和农业、工业、服务业融合发展的现代产业体系，显著提升全产业链的增值效应和商品率、劳动生产率[2]。荷兰实施"链战略计划行动"，在采用先进的温室农业技术、信息技术、良种良法等提高农业土地生产率的同时，将农作物生产、保鲜环节与农产品加工、仓储物流、农产品销售环节融为一体，实现农业产前、产中、产后等产业链各环节有机结合，形成利益共享、风险共担的命运共同体，有效支撑了农业产业国际竞争力的提升。

5. 现代农业产业体系发达，产业组织引领支撑作用强

综观世界，农业强国强势的背后，是一批创新活跃、资源动员、市场组织能力强、生产经营效率和效益水平高的涉农产业组织。这些涉农产业组织包括农业合作社、涉农行业协会和产业联

---

[1] 李婷：《德国农业》，中国农业出版社2021年版，第28页。
[2] 肖红利、王斯佳、许振宝、李哲敏：《德国农业4.0发展经验对中国农业发展的启示》，《农业展望》2019年第12期。

盟、农业跨国公司、农产品拍卖市场、涉农平台型企业等。它们各就其位、各展其长，协同推动现代农业产业体系提质增效升级降险。发达的涉农产业组织将家庭经营和公司农场有效引入发达的分工协作网络，实现了家庭农场、公司农场等农业微观经营主体与各类现代涉农产业组织的扬长避短、优势互补、联动提升。在那里，发达的涉农产业组织网络不仅帮助农业拓展了利用资源、要素、市场的空间，还畅通了资本、科技、高端人才和现代发展理念进入农业的渠道，为增强农业及其关联产业链的创新力、国际竞争力和可持续发展能力创造了条件。尽管不同类型农业强国涉农产业组织创新的重点和结构可能有所不同，但基本形成了主要以家庭经营为基础，以农业合作社和行业协会为纽带，以跨国公司、农产品期货市场等为引领，涉农平台型企业等多种创新组织为补充的多元化、网络化发展格局。如根据李婷（2021）的资料，意大利农业食品体系的组织形式中除农业企业、食品工业企业外，还有合作化、企业网络、协会集合与跨行业组织、区域产业链协议等多种方式①。在意大利的农业社会化服务组织中，意大利农业食品市场服务研究所、意大利水果蔬菜服务中心、意大利农业工程协会、意大利农业种植者联合会、意大利农民联合会、意大利农业总联合会、意大利葡萄和葡萄酒联合会、意大利全国农业食品合作社协会、意大利合作社联盟等均属于行业组织。

许多国家的农业合作社不仅是农民利益的代言人和维护者，

---

① 李婷：《德国农业》，中国农业出版社 2021 年版，第 102-108、262-280 页。

还是政府、市场联结农场经营的桥梁，成为构建本土农业供应链、提升农业价值链的主导力量。各国建设现代农业的过程，往往是农业微观经营主体规模化、集约化发展的过程。由于各国资源禀赋等国情农情不同，各国农业微观经营主体的平均规模往往表现出明显差异，但以家庭农场为依托的家庭经营，仍是农业微观经营的主要组织形式，且家庭经营的平均规模呈现出逐步扩大趋势。尽管公司农场作为农业微观经营主体发展的新趋势方兴未艾，但在多数农业强国尚未成为农业微观经营主体的重点。在此背景下，待市场竞争发展到一定阶段后，为维护家庭农场等成员利益、抵御资本盘剥和竞争压力、共同应对市场竞争挑战，通过家庭农场等农业微观经营主体联合起来，形成被称为"农业合作社"的经济组织，将改善社员生产生活条件和社会地位，作为其重要目标之一。许多农业强国的经验证明，农业合作社的发展，往往带来了农产品综合供给能力和农业市场竞争力、风险承受力、综合获利能力的增强，改善了农民的市场谈判地位，也促进了农村社区发展和农民参与发展能力的提高。合作社组织的基本原则，对其坚持为社员服务提出了基本要求。农场经营转型升级，农业延伸产业链、打造供应链、提升价值链越来越离不开农业合作社的关键作用。以法国为例，既有农产品生产、服务和购销合作社，又有农业信用合作社、农业保险合作社和其他特殊类型的合作社，2020年已有90%的农场主加入合作社，合作社在不同类型农产品经营主体中所占份额从1/3到2/3不等[①]。当然，随着农业合作社的发展，农业合作社经营效率和总体盈利水平日益受到关注，合作社服务能力提升、服务领域向产业链一体化拓展、产业集中度提高，以及合作社之间的合作不断加强，日益成为趋势。

长期以来，世界农业强国农业合作社的发展主要呈现两种模式：一是以欧盟国家为代表的专业合作社模式；二是以日本农协为代表的综合合作社模式。欧美农业强国，如美国、法国、德国等在长期发展专业性农业合作社的基础上，合作社发展开始呈现综合化趋势，形成农工商综合体、大型农业合作社企业集团和跨行业、跨地区合作社联盟等。农业产业一体化的深化，农业同农产品加工业、农产品流通等服务业融合发展的推进，带动许多农业强国农产品行业协会、涉农产业联盟等行业组织兴旺发达起来，在增加对农户和涉农企业、农业合作社的服务供给方面，日益发挥了重要作用；也有效推动了行业自律维权和行业治理的优化，促进了行业公共利益的维护，加强了同政府、市场的沟通协调。这些行业组织还是开展行业培训、加强行业公共创新平台和创新能力建设等的重要积极力量，成为连接微观组织、对接政府和市场的桥梁，以及产业链供应链一体化的纽带。许多涉农行业组织在推进政策宣传和实施、加强同国内外行业组织的交流合作等方面，也发挥了重要作用。尤其是在农业合作社发挥行业自卫、自治、自律、自强作用难以满足家庭农场等微观经营主体需求时，

---

① 李岩：《法国农业》，中国农业出版社2021年版，第125、236页。

涉农行业组织发挥的作用往往举足轻重。有些行业组织对捍卫农业合作社、农业公司等成员的合法权益，也日益发挥不可或缺的重要作用。

有的国家农业合作社发展到一定阶段后，向农产品行业协会、产业联盟转型，导致合作社与行业组织的边界日益模糊。在澳大利亚农业中，奶牛养殖占据重要地位，牛奶产量的 1/3 以上用于出口，并多以奶酪等增值产品方式出口。由澳大利亚乳业理事会、澳大利亚奶农联盟、澳大利亚乳制品联盟、澳大利亚乳业局组成的澳大利亚乳业社会化服务组织网络，为促进乳业产业链上下游协调和不同利益相关者合作，打造富有竞争力和高附加值的乳业产业链，奠定了坚实基础。2010 年前后，在法国有重要影响的涉农行业组织主要有全国农业经营者工会联盟、全国青年农民中心、小麦及其他谷物生产者协会、全国水果生产者联合会、法国蔬菜生产者组织、全国园艺与苗圃生产者联合会、全国牛奶生产者联合会、法国农业商会等[1]。

世界农业强国之所以强，一个重要原因是，富有世界影响力的农业跨国公司（见专栏 1-1）相对集中，成为其参与国际农业竞争合作的中流砥柱。许多大型农业跨国公司不仅生产或加工技术发达、经营理念先进、市场供求信息丰富，还拥有营销网络、金融服务、资本运作、品牌经营和供应链管理等综合优势。这些跨国农业企业往往是世界农业科技创新和农业发展方式转变的领

---

[1] 李先德：《法国农业》，中国农业出版社 2014 年版，第 324—330 页。

导者，是国际农产品贸易和跨国农业投资的排头兵，也是世界农业供应链运行、价值链升级的领头雁。多数农业跨国公司采取纵向一体化方式运行，在世界（特定）农产品/食品、农资、生产要素、资本市场运行和涉农生产、加工、流通、贸易等领域的商品、要素、信息流动和资源配置中，具有突出的竞争优势和创新优势，形成了举足轻重的控制力和影响力，占据了较强的垄断地位，展示了超额利润摄取能力。许多农业强国良好的产业基础、久久为功的努力、完善的市场经济体制，为农业跨国公司的成长提供了便利。如法国政府长期致力于推进农业专业化生产与企业化经营的有机结合，通过培育壮大农业企业，强化农业产业链供应链的领导者地位。2021年达能等世界十大食品企业，多数总部位于美国、荷兰、法国等世界农业强国，但其产品却遍布世界，涵盖了饮料、休闲食品、大宗农产品生产及综合加工、畜禽养殖等多个行业，展示了较强的市场拓展、资本运作、产业链整合和抗风险能力[1]，为增强农业国际竞争力、对外投资能力和对国际农产品市场的影响力提供骨干支撑。

---

[1] 如总部位于法国的达能集团是世界著名的跨国食品原料企业，旗下拥有众多国际知名品牌，业务遍布世界120多个市场，覆盖农业产业链的多个环节，拥有员工10万人以上，2020年销售收入超过230亿欧元。

> **专栏 1-1　农业跨国公司的主要类型**
>
> 迄今为止，按照主营业务的不同，可将农业跨国公司分为四类。(1)以孟山都、杜邦先锋等为代表，主要从事动植物育种的种子科技研发型公司。(2)以丰益国际、约翰迪尔等为代表，主要从事种植养殖、农产品加工和农资生产的生产经营型公司。(3)以佳沛公司、都乐公司等为代表，主要从事农产品贸易和物流的公司。(4)以美国艾地盟(ADM)、邦吉、嘉吉、路易达孚和中国中粮集团等为代表，多元化、综合化发展的农业跨国公司。经营农业和农业服务业的跨国公司，约3/4将投资放在资源、销售条件优越的农业强国。
>
> 资料来源：余欣荣、杜志雄：《当代世界农业》，中国农业出版社2021年版，第320—321页。

6. 农业创新水平高，创新创业生态可持续发展能力强

创新是发展的第一动力，许多农业强国的发展过程对此提供了生动阐释。这些农业强国往往位居世界农业科技创新的前沿，也是推动世界科技创新向产业创新转化的先锋。农业或其关联产业新理念、新科技、新业态、新模式，往往密集发生于这些农业强国。多数农业强国堪称世界农业创新的策源地。在这些农业强国，涉农科技创新和产业创新的能级高，科技创新和产业创新的市场驱动特征显著，科技进步对农业产业链经济增长的贡献率高。

这为提高农业质量效益竞争力，提供了雄厚支撑。许多涉农创新型企业和服务组织、服务平台，成为推进科技创新、产业创新的骨干或策源地，也是创新资源、创新要素、创新理念集聚的先导区。在这些农业强国，科技创新链和产业创新链往往深度良性互动，科技成果转化应用和市场化、产业化能力强。许多农业跨国公司、涉农行业协会甚至合作社，成为区域性甚至世界性农业创新的发动机，容易产生前沿科技创新深度融入产业、产业发展高度依赖前沿科技创新的良性循环。如以色列农业发达且科技含量高，其生物技术产业综合实力世界领先，低压滴灌技术、海水淡化技术享誉世界，滴灌设备和新品种开发有世界影响力，农业30%的初创公司与水利有关，是世界最大的水技术创新基地。

多数农业强国较高的物质技术装备水平，往往是与冠领世界甚至覆盖优势特色产业链的科技创新能力相伴而行的。如美国农业科技长期保持世界领先地位，高度发达的农业机械化、高效率的农业化学技术、居于世界前沿的农业生物技术、一骑绝尘的数字农业技术融合互动、各展其长、相得益彰，协同推动农业劳动生产率的提升，成为现农业强国的强大支柱。荷兰农业劳均固定资产形成总额位居世界农业强国前列（图1-4）。与此同时，荷兰创新技术领先，知名企业云集，科技创新和科技成果产业化能力强，农业、水利、食品等领域均属荷兰科技创新的闪光点，食品加工、化学工业和机械工业是荷兰工业的三大支柱。荷兰温室技术举世闻名，在世界种子领域具有领导者地位。由此推动荷兰成为世界重要的农产品和食品出口国之一，食品加工机械也有较强的国际竞争力。

许多农业强国拥有国际竞争力强的农产品/食品品牌，一个重要原因是农产品/食品质量标准和管理体系与国际接轨，体现了较强创新能力；种业、农机、农（技）艺等覆盖全程的科技创新能力，也发挥了重要支撑作用。在讨论农业强国建设时，富有日本特色的精品农业发展道路往往让人津津乐道。其中一个重要奥妙在于，从品种到种植技术的潜心研发，到种植过程的独具匠心，再到农产品采摘后分级、包装、储藏保鲜、超市配送环环相扣，健康、安全和标准化理念贯穿始终，技术的精细化为将农产品品质做到极致提供了有效支撑。因此，日本的许多农产品虽然价格很高，但在高端市场竞争中仍然独领风骚，具有较高的品牌溢价。根据张亚辉、柯小华（2021）的资料，意大利在推进工业化和建成工业强国的过程中，并未对乡村产生较大冲击，农业发展始终保持旺盛生命力，其中两个重要经验都与增强农业创新能力相关[①]：第一，将尊重传统农耕文明与追求个性化、艺术化结合起来。如意大利的农产品/食品加工普遍遵循传统工艺，夯实了保障产品质量和声誉的根基；但其农场和农业企业也善于将自然美、对美的艺术追求和农业情怀结合起来，融入对农产品特色和品牌的塑造，借此提升农产品特色竞争力和品牌溢价。第二，通过培育覆盖农业全产业链的科技创新优势，促进农业精细化发展。农业生产过程的高度机械化、智能化，为提高农业生产效率和资

[①] 张亚辉、柯小华：《意大利农业》，中国农业出版社2021年版，第285—286页。

源综合利用率提供了条件。绿色农资、良种选育、农产品精深加工、储藏保鲜等技术优势和精准农业、多功能农业模式创新，也为提高农业/食品系统的竞争力和可持续发展能力，为意大利农业发展坚持就业、可持续、现代化、创新和农产品质量导向提供了坚实支撑。

在世界农业强国中，涉农跨国公司、行业协会、产业联盟、农民合作社等发达的农业产业组织，在推动农业科技创新、成果转化和产业化的过程中，往往发挥了中坚甚至导航作用。如作为在世界有重要影响的跨国大粮商，美国的ADM和邦吉均以注重研发著称，在世界多个国家建立研发基地。ADM公司一直是世界人和动物营养领域的领导者，长期注重通过科技研发打造公司核心竞争力，培育公司品牌和业务领域。邦吉公司始终重视食物营养方面的科技研发，主要业务涵盖化肥、农业生产、食品制造和生物能源等领域，能将产品和服务延伸到零售货架。跨国农业公司美国孟山都公司，其农业创新体系涵盖育种、生物技术、作物保护和数据科学等领域，一直是世界转基因种子领域的旗舰。这些跨国农业企业，往往是世界涉农供应链核心企业，是推进产业链一体化发展和创新能力建设的探路者，也是推进产业链、创新链深度融合的排头兵。法国作为欧盟最大的农业生产国和世界第二大农产品出口国，其农业在家庭农场基础上形成的协会、联合会和各种农业研究中心，对于增强农业创新驱动能力、优化农业治理发挥了重要作用，也为科技成果转化推广和对农民的培训咨询发挥了重要桥梁纽带作用[①]。

世界农业强国农业及其关联产业科技创新和产业创新能力强,很大程度上源自其健全发达且可持续发展能力强的创新创业生态。如拥有"欧洲花园""鲜花之国"美誉的荷兰,作为传统的"欧洲门户",商业历史悠久,营商环境优良。以瓦格宁根大学为中心,大批农业科创企业和实验型农场汇聚,形成类似农业"硅谷"的科技创新、产业创新先行区。以花卉园艺业为龙头的荷兰园艺植物业,依托优越的地理位置,形成了以鲜花拍卖市场为中心,四通八达的海、陆、空物流运输网络,将花卉园艺种植企业与海内外消费市场紧密联系起来。荷兰的金融业、批发零售业发达,也有较为完善的商品检验检疫服务体系;数字经济发达、高质量的数字基础设施,也为荷兰农业增强创新能力、丰富营销方式提供了便利。荷兰合作银行主要从事农业、农机和食品工业等行业的金融交易。荷兰政府对企业创新研发活动提供了一系列税收减免支持,并向创新型中小企业提供信贷支持或补贴。这些都为荷兰农业的创新创业提供了健全良好的生态条件。

---

① 〔澳〕卢克·哈苏伊克、〔法〕法布里斯·德雷福斯、〔日〕菅野清、王艺璇:《从农业大国到农业强国》,《中国经济报告》2016年第12期。

第二章

普遍趋势与发展路径

以史为镜，可以知兴替；以人为镜，可以明得失。讨论农业强国建设，将其放在国际视野、历史演进的坐标系中考察，有利于放宽视野、拓展思维，丰富我国农业强国建设的内涵、底蕴，增强我国农业强国建设的魅力、价值和社会认同感。那么，世界农业强国的发展路径有哪些普遍趋势和共同经验可循？基于农业强国建设的国际经验，应该如何与时俱进地创新完善农业支持保护政策，促进我国由农业大国向农业强国跨越，缩小与世界农业强国的发展差距？按照党的十九大关于在21世纪中叶建成社会主义现代化强国的战略部署，2035年、2050年前我国推进农业强国建设应该注意采取哪些战略举措？回答这些问题，将是本章的主要任务。

一、普遍规律：八个坚持

农业强国尽管类型各异，资源禀赋有别，但都顺应发展阶段、发展环境和发展要求（政策目标）的变化，探索符合本国实际的发展道路，并与时俱进地调整完善农业支持保护政策。农业强国是所在国在农业发展长过程中一系列事件的积淀，是其不断探索和修正农业发展战略、发展路径、发展举措的产物，也是其推进农业现代化与国民经济现代化耦合共生的结果。因此，本章对农业强国建设历史经验和普遍规律的分析，更多注意立足当前、着眼长远、为我所用，努力汲取各农业强国发展过程中值得我国借鉴汲取的营养，努力为夯实我国建设农业强国的底蕴服务。综合来看，我们认为，世界农业强国建设的历史经验和普遍规律可以概括为"八个坚持"。

1. 坚持以农立国，与时俱进地优化农业支持保护政策

当今世界，许多国家为实现预定的农业政策目标，并推进农业和国民经济良性循环，都结合国情农情实施农业支持保护政策，有针对性地对农业生产和贸易、农民增收、农业竞争力、农业多种功能和农业可持续发展等施加影响，为维护农业基础地位、稳定或增加农民收入、保障重要农产品有效供给、发挥农业外部性和农业多功能性、提升农业创新力竞争力和可持续发展能力等服务。许多国家能够成功踏入农业强国大门，一个重要原因是，坚持以农立国传统，将农业作为立国之本、强国之基，与时俱进地

调整完善农业支持保护政策，推动农业发展顺应国家发展、民生改善和建设现代化强国的需求，推动农业现代化与国家现代化耦合共生、相生相长，不断夯实农业强国的根基。当然，各国农业支持保护政策的运行和调整，也日益受到国际贸易规则的约束[1]。近年来，以农业强国为典型代表的部分农业发达国家，农业支持保护政策正面临新一轮调整，呈现由价格支持措施向直接补贴措施的转型，并更加重视对稳定农民收入和生活水准、增强农业创新力竞争力和可持续发展能力、推进农业绿色发展和环境友好型生产方式、开发和维护农业多功能性等的补贴，更加重视农业农村发展的协调和农村的全方位现代化[2]。在世界贸易组织（WTO）框架下，农业补贴呈现由"黄箱"向"绿箱"、由显性补贴向隐性支持、由成本补贴向收入补贴转变的趋势[3]。

专栏2-1 农业支持保护政策

农业支持保护政策是在市场经济条件下，政府为确保农业发挥基础功能，推动农业发展与国民经济其他产业发展相适应，借此促进国民经济持续、协调、快速发展而采

---

[1] 如1994年达成的《乌拉圭回合农业协定》将削减扭曲贸易的国内支持和出口补贴，提高市场准入水平作为主要目标（国务院发展研究中心农村经济研究部：《农业开放：挑战与应对》，中国发展出版社2020年版，第49页）。
[2] 朱满德：《世界农业支持保护制度的演变与发展》，载于余欣荣、杜志雄《当代世界农业》，中国农业出版社2021年版。
[3] 余欣荣、杜志雄：《当代世界农业》，中国农业出版社2021年版，第12页。

> 取的一系列支持、保护农业的政策措施的总和，主要包括边境保护措施和国内支持措施两类。边境保护措施有农产品进口关税、关税配额管理、动植物检验检疫、技术壁垒、进出口限制、出口补贴、出口信贷担保等。国内支持措施包括针对整个农业部门的支持、针对农业生产者或农产品的支持等。
>
> 资料来源：余欣荣、杜志雄：《当代世界农业》，中国农业出版社2021年版，第285页。

在世界农业强国中，不同国家的国情、农情特别是农业资源禀赋状况，通过对其农业国际竞争力的影响，直接或间接地影响到其选择农业支持保护水平的高低，以及农业支持保护政策的方向、目标和结构[1]。如日本是世界农产品主要进口国，农业总体国际竞争力较弱，是农业高保护的典型；加拿大、澳大利亚、新西兰是世界农产品重要出口国，良好的农业资源禀赋条件容易转化为农业国际竞争优势，导致其农业支持保护政策的调整更加倾向于减少甚至取消价格支持政策，加强对农业创新、农产品营销和

---

[1] 如1933年到第二次世界大战结束，美国农业补贴政策以限制生产和价格支持为主；第二次世界大战后到20世纪90年代末期，美国农业补贴政策呈现向市场取向的转变，减少政府干预和推进贸易自由化成为趋势；21世纪初期以来，美国农业补贴政策又出现新的转型，如在增加农业补贴的同时，改革出口补贴的方式方法，借此增强农产品国际竞争力（李先德、宗义湘：《农业补贴政策的国际比较》，中国农业科学技术出版社2012年版，第75—76页）。

推广的支持[1]。对农业生产者的支持保护，日本主要依靠价格支持措施，由农产品消费者负担政策成本；欧盟以脱钩的直接补贴措施为主，主要由全体纳税人承担政策成本；美国、加拿大、澳大利亚等世界农产品主要出口国近年来积极推进价格支持政策向直接补贴政策转型，对特定农产品的价格支持力度弱，且限制在少数敏感性农产品，同时并不放弃对农业补贴政策工具的运用。加拿大以与农业生产经营活动挂钩的补贴措施为主，美国和澳大利亚的挂钩补贴与脱钩补贴水平大致相当[2]。日本较为重视对农业的整体性支持，特别是通过投资，支持农业基础设施建设和维护。欧盟更加重视支持农业知识和创新系统[3]。

农业保险作为帮助农民管理生产风险的市场化手段，属于"绿箱"政策的范围，近年来日益受到许多农业强国政府的重视。根据张广胜（2021）[4]和詹姆斯·L.诺瓦克等（2021）[5]的研究，美国农业补贴政策原先呈现"高价格支持、生产规模控制和出口补贴相结合"的特征，近年来通过调整，减少了对价格和收入的直接支持，转向通过更隐蔽的方式进行间接支持，更加重视通过农业收入补贴和农业保险来保护农民收入（见专栏2-2）。近年来，

---

[1] 朱满德：《世界农业支持保护制度的演变与发展》，载于余欣荣、杜志雄《当代世界农业》，中国农业出版社2021年版，第291页。
[2] 朱满德、邓喻方：《农产品主要出口国农业支持保护政策调整动向及其启示？——基于美国、巴西、加拿大、澳大利亚四国比较》，《农业现代化研究》2019年第5期。
[3] 刘超、刘蓉、朱满德：《高保护经济体农业支持政策调整动态及其涵义——基于欧盟、日本、韩国、瑞士、挪威、冰岛的考察》，《世界农业》2020年第4期。
[4] 张广胜：《美国农业》，中国农业出版社2021年版，第100—116、233页。
[5] 〔美〕詹姆斯·L.诺瓦克、詹姆斯·W.皮斯、拉里·D.桑德斯：《美国农业政策历史变迁与经济分析》，王宇等译，商务印书馆2021年版，第XVII、10、120页。

世界农业发展环境的不确定性明显增加,"黑天鹅""灰犀牛"事件显著增多,加大了农业经营主体面临的自然风险和和市场风险。与此同时,许多农业强国作为发达国家,农业与其他产业之间资源分配格局调整和农民收入问题的重要性迅速凸显[①]。在此背景下,许多农业强国推进农业支持保护政策转型,更加强调完善农业风险管理体系,通过实施农民收入补贴、农作物产量保险补贴、农业收入稳定保险、价格损失补偿等,系统加强对农业生产者的支持保护。这在很大程度上具有必然性和合理性。

> **专栏2-2 美国更加重视农业收入补贴和农业保险**
>
> 1996年的美国农业法案强调通过生产灵活性补贴、耕地休耕补贴、农业灾害补贴三种方式,对农民提供收入补贴;农业保险分为灾难救济、特大灾害保险和多灾种保险等。2014年的美国农业法案增加了农业风险保障部分,旨在对法定农作物种植收入较低的农户提供一定补贴,防止农产品价格下跌对农户造成损失,促进农业生产平稳发展。如农户实际种植收入低于农业风险承诺时,将按规定标准获得农业风险补贴。该法案推动了由原先对农场提供价格和收入支持向支持风险管理的演进,导致作物保险成为农

[①] 〔日〕速水佑次郎、神门善久:《农业经济论(新版)》,沈金虎等译,中国农业出版社2003年版,第16—27页。

> 民应对生产和价格风险的主要工具，不仅联邦政府对农业保险的保费有所提高，作物保险项目覆盖的产品范围也有所扩大，增加了蔬菜、水果等园艺作物，借此加强了对农民的收入保护。由于对保险项目的支持力度加大，2014年的美国农业法案已导致其成为营养计划之外预算支出最大的项目[1]。因此，之前市场配额和种植面积由政府分配的制度，逐渐被更加市场化的保险计划所取代。

在不同的农业强国，农业支持保护政策的力度、方向和重点往往呈现较大差异，但很难说哪种农业支持保护政策是完美无缺的。这不仅存在"两利相权取其重，两害相权取其轻"的问题，还有预期与未来实践走势不一致的问题。20世纪60年代初日本首次出台的《农业基本法》，曾将培养一批大规模自立经营农户作为政策目标，企图通过提高其劳动生产率推动其达到与其他产业劳动者同等的收入水平。但实际结果却是，大规模自立经营农户很少形成，大量收入主要来自农外兼业的农户迅速发展起来。为提高小规模农户收入而采取的高水平价格支持政策，不仅导致了日本稻米生产大量过剩[2]，也给日本农业竞争力带来了长期负面影响。日本农业支持保护政策虽然促进了农业农村快速发展，但因保护程度过高，近年来也导致日本农业陷入了竞争力持续下降的

---

[1] 张秀青：《美国2014年和2018年农业法案主要改革趋势及启示》，《中国智库经济观察（2019）》，2020年，第120–125页。
[2] 〔日〕速水佑次郎、神门善久：《农业经济论（新版）》，沈金虎等译，中国农业出版社2003年版，新版序言第3页。

困局①。

　　法国、德国、意大利、荷兰、丹麦等农业强国作为欧盟的重要成员国,其农业支持保护政策处于欧盟共同农业政策的框架之下,但也充分考虑各农业强国的国情农情和自身特色。从20世纪60年代初到90年代初,欧盟共同农业政策强调提高农产品供给能力,并加大农业补贴力度,为此实施了包括目标价格、门槛价格和干预价格在内的农产品价格干预政策。从20世纪90年代初到90年代末,鉴于农产品供给能力大幅增长,为缓解农业补贴导致的财政负担不断加重和农产品过剩问题,并应对《乌拉圭回合农业协议》,降低国内价格支持水平,欧盟共同农业政策采取对农业生产者的收入直接补贴政策,把削减的价格支持资金转移到挂钩的直接转移支付中。21世纪以来,欧盟共同农业政策又进行了一系列改革,如进一步削减对谷物和牛肉的价格支持,增加对农民收入的直接补贴;彻底废弃强制休耕政策,推动农业补贴进一步与产量脱钩,进一步重视对农业多功能性和农业农村可持续发展的支持②。2013年的欧盟共同农业政策改革,减少了公共干预和私人存储的产品品种,废除了对食糖、乳品和红葡萄酒的产量限制,建立危机储备资金,同时加强对生产者合作的支持③。按照欧盟共同农业政策的危机储备即保障性条款,当遭遇市场严重失衡

---

① 胡凌啸、周应恒:《提升小农竞争力:日本农业新政策的指向及启示》,《中国农村经济》2018年第2期。
② 李先德、宗义湘:《农业补贴政策的国际比较》,中国农业科学技术出版社2012年版,第77—80页。
③ 张亚辉、郝卫平:《欧盟农业》,中国农业出版社2021年版,第69—70页。

时，欧盟委员会可授权生产者组织及其分支机构，通过退市、私人存储等临时性综合措施来稳定市场。

2. 坚持有效市场、有为政府有机结合，推动国内、国际双循环相互促进

世界农业强国之所以强，一个重要原因是农业及其关联产业（链）循环畅通，政府和市场各就其位、各展其长，将发挥市场对资源配置的决定性作用和发挥好政府作用有机结合起来。如在美国的农业科研体系中，公立研究机构扮演着至关重要的角色，但侧重解决长期性、战略性问题，重点关注公益性研究和经济效益难以预见的研究项目；私人研究机构侧重通过商业化途径解决短期问题，开发能够快速获得效益的产业领域或产品；政府投资主要支持基础研究和应用研究，私人投资重点关注开发性研究，直接面向生产和市场潜力大、经济效益好的项目；政府和市场分工协作、优势互补[1]。农业强国中的主要农产品出口国，往往是世界农业市场化改革的积极倡导者和推动者。以澳大利亚为例，近年来政府完善支持农业发展的政策和制度框架，包括法律法规、行业准则和农业标准体系等，一个重要导向是强化竞争政策基础地位，倡导公平竞争和消除市场壁垒，营造涉农国际、国内双循环

---

[1] 张广胜：《美国农业》，中国农业出版社2021年版，第156页。

相互促进的发展格局[1]。如澳大利亚联邦政府制定的《营销法》，基于确保市场效率和国家整体利益的考虑，不允许州或地区政府设置保护政策；后来又通过制定葡萄酒法案、葡萄酒条例和小麦行为准则等，对葡萄酒、小麦、食糖和园艺等产业制定富有针对性的行为准则，确保农业市场公平竞争。这些在很大程度上相当于我国"从战略和全局高度加快建设全国统一大市场"的政策导向。当然，澳大利亚政府对农业也非无为而治、放任自流。当市场失灵时，澳大利亚政府也会及时补位，努力为促进市场有效运行创造条件[2]。尽管澳大利亚是世界上对农业补贴最少的国家之一，但由于澳大利亚政府将对农业的支持方式由直接补贴转向提供政府农业服务，其对农业发展，尤其是提高农业竞争力、创新力和可持续发展能力，仍然发挥了重要作用[3]。2016—2018年，澳大利亚农业服务占农业支持份额的56%，明显高于世界13%的水平[4]。

许多农业强国结合营造国内、国际双循环相互促进的发展格局，优化有效市场和有为政府有效结合的环境，表现在政府制定

---

[1] 澳大利亚政府还注意简化农业及其关联产业的规章制度甚至行业标准，解决重复立法、监管过度问题，削减政府不必要的监管，为农业经营者将更多精力专注于所经营的产业创造条件，引导农业在参与国内外市场竞争中增强参与市场竞争的能力。见杨东霞：《澳大利亚农业》，中国农业出版社2021年版，第84—89页。

[2] 如澳大利亚水资源有限，降水量少而且分布不均，政府通过碳排放税、优化能源供给保障机制等方式，努力在维护灌溉用水的公平性方面发挥重要作用。

[3] 澳大利亚政府提供的农业服务主要集中在5个方面，分别是畅通市场准入渠道，拓展农产品出口机会；推进农业研究开发和供应链创新能力建设，提高农业人力资本质量和农产品质量安全水平；引导农业更好地应对气候变化，帮助农民增强应对风险和经济困难的能力；加强生物安全防治和自然资源管理，完善用水、道路、通信等基础设施保障机制。这些都是"绿箱"政策支持的内容。

[4] 杨东霞：《澳大利亚农业》，中国农业出版社2021年版，第85—89页。

的一系列重大战略、规划计划和政策中。如 2018 年 10 月隶属美国国家科学技术委员会的先进制造技术委员会发布了《先进制造业美国领导力战略》，将加强粮食和农业制造业的机会作为开发和转化新的制造技术的重要战略目标之一，并将食品安全中的加工、测试和可追溯性，粮食安全生产和供应链，改善生物基产品的成本和功能作为优先计划事项；将加强农村社区的先进制造业作为扩大国内制造业供应链能力的战略目标；将促进农村繁荣的先进制造业作为其优先计划事项[①]。许多位于农村的农业和食品加工业，就属于这种促进农村繁荣的先进制造业。根据张广胜（2021）的资料，近年来美国农产品贸易政策，一方面推动从倡导自由贸易向强调公平贸易的转型，另一方面一直将拓展海外市场作为重要的政策方向，已形成了包括出口信用担保计划、市场开发计划和出口补贴计划在内，较为完整的农产品出口促进政策体系[②]。美国的农产品储备计划包括联邦农产品储备计划、农场主自有储备计划，主要通过农产品储备达到调节市场供应，并控制农产品价格的效果。

按照 WTO 多边规则，农业支持保护政策改革日益强调边境保护措施和国内支持措施实施的一体化。因此，各农业强国在统筹利用"两种资源、两个市场"，促进国内循环与国际循环相互促进的过程中，都比较重视促进农产品贸易政策与国内农业产业

---

① 《〈先进制造业美国领导力战略〉新鲜出炉》，http://i4.cechina.cn/18/1101/08/20181101082822.htm。
② 张广胜：《美国农业》，中国农业出版社 2021 年版，第 123 页。

政策的协调，统筹考虑农产品国内生产和进出口问题，审慎把握好政策创新的时度效，将保障主要农产品有效供给与审慎规避国内相关产业遭遇"毁灭性破坏"结合起来。20世纪60年代以后，随着工业化、城镇化的迅速推进，日本谷物自给率快速下降[①]，且主要表现为小麦和玉米自给率的剧烈下降，作为日本人主食的大米自给率仍然维持在接近100%的水平。一个重要原因是，日本长期奉行"基本口粮自给＋进口替代"的谷物供给战略，努力保证大米作为主食的自给，同时进口小麦和玉米等国内生产效率较低的谷物品种，以满足养殖业对饲料的需求和谷物加工业的原料需求。实际上，当时日本进口的小麦、玉米价格低于国内生产的价格，因而扩大小麦和玉米进口也是划算的。20世纪90年代后，日本国内外对开放农产品市场的压力不断加大，但日本农产品市场开放也是先从非主食品种开始，对大米市场开放的影响注意审慎评估。日本处理国内谷物生产和国际市场开放关系的历程很难说完全成功，但其思维逻辑仍然值得借鉴[②]。

通过推进有效市场和有为政府有机结合，完善农产品宏观调控和农业风险管理，增强对"两种资源、两个市场"的利用能力，也是农业强国建设的重要经验。如根据余欣荣、杜志雄（2021）[③]和张广胜（2021）[④]的资料，长期以来，美国非常重视与农业相关

[①] 日本谷物自给率1961年为75.0%，1980年、2009年分别下降到27.2%和23.6%。2009年，日本小麦和玉米自给率分别为12.5%和0。
[②] 姜长云、李显戈、董欢：《关于我国粮食安全与粮食政策问题的思考——基于谷物自给率与日、韩相关经验的借鉴》，《宏观经济研究》2014年第3期。
[③] 余欣荣、杜志雄：《当代世界农业》，中国农业出版社2021年版，第292页。
[④] 张广胜：《美国农业》，中国农业出版社2021年版，第319、320页。

的普查调查和市场交易等信息搜集工作，投入大量资源支撑完善农业统计服务，形成了包括农业普查、农业气象遥感、农业例行调查、农产品供需和农产品价格等数据的农产品交易信息统计和发布体系，为家庭农场进行农业生产经营决策提供了便利；美国农业部主导建立了世界农产品供需监测体系，每月发布《世界农产品供需报告》和其他相关数据、信息，成为影响国际农产品市场预期和利益相关者行为的重要风向标。美国还利用物联网、大数据等新一代信息技术，主导了先进的信息化平台建设，为世界农业生产商、加工商、贸易商和政府等利益相关者提供决策、行为支持和预期引导，也为美国操控世界农产品市场、优化农业防灾减灾决策、增强对世界市场的利用能力提供了便利。美国成熟的农产品期货交易市场，可以成为家庭农场调整种植结构、安排农产品售卖时机的有效指导，为提高家庭农场融资和套期保值能力提供了重要便利，成为提高家庭农场市场竞争力的重要引领和支撑[1]。许多农业强国积极实施国家大数据战略，发展涉农数字经济，借此优化农业信息采集、挖掘和利用工作，甚至建立完善基于大数据等数字技术的农业生产和农产品市场运行监测预警机制。发达的农业咨询服务业在为家庭农场、农业合作社、农产品行业协会等提供咨询服务的同时，也为提高农业及其产业链的运行效率和效益、增强农业抗风险能力做出了重要贡献。

---

[1] 张广胜：《美国农业》，中国农业出版社 2021 年版，第 286 页。

3. 坚持推动创新能力建设顶天立地，促进农业产业链创新链深度融合

世界农业强国之所以强，一个重要原因是在加强科技创新和产业创新能力建设方面久久为功，在推进农业产业链创新链深度融合方面坚持不懈，在培育顶天立地的农业创新驱动能力方面取得了水滴石穿的效果。所谓顶天，即形成能引领世界发展潮流，面向世界科技和产业发展前沿、面向国家甚至世界农业发展重大战略需求，富有国际竞争力和影响力的农业创新驱动能力。所谓立地，即面向农业（可持续）发展、参与国际竞争合作的现实需求，面向人民美好生活需要，科技成果转化、普遍化应用并转化为现实生产力的能力强。如根据余欣荣、杜志雄（2021）的资料，加强对农业知识和创新系统的支持，已经成为农业强国中农产品出口国对农业一般服务支持的重要特征，其中农业研发投入居于首要地位，为增强农业国际竞争力提供了重要支撑[1]。美国历来重视对农业科研和技术推广的投资，确保其快速增长，科研经费投入位居全球前列[2]。美国教学、科研、推广"三位一体"的农业科技创新体系树大根深、枝繁叶茂，尽管在总体和多数领域世界领先，却也遵循实用和系统原则，体现了投入—研究—推广紧密结合，科研—推广—生产实践良性互动的特征，其农业科研与生产

---

[1] 余欣荣、杜志雄：《当代世界农业》，中国农业出版社2021年版，第292页。
[2] 美国联邦和州政府预算是农业公共科研机构经费的主要来源，农业企业和私人捐赠为私人研究机构提供了重要的经费保障。来自农产品行业协会的科研经费支持，对促进农业科研与生产紧密结合、着力解决农业和农民生产经营实践中的难题，也提供了重要保障。

实践密切互动，在基础研究—应用研究—面向市场的开发研究之间形成良性循环，家庭农场、企业、合作社、行业协会等利益相关者的需求也会得到及时反馈，科技成果转化率高。由联邦政府、州和县农技推广站、赠地学院"四级联动"，对接家庭农场的农技推广体系，成为推动科技由潜在生产力向现实生产力转化的桥梁和催化剂。美国农业法案的修订，还为农业科技创新体系的可持续发展提供了重要支撑[1]。长期以来，美国在以增强抗灾性为主的转基因领域独占鳌头，在新一轮以改良品质和特性来提高产品附加值的第二代转基因领域处于领先地位，很大程度上得益于巨额投资支撑了其在世界农业生物技术研发领域的领先优势[2]。

许多农业强国在推进科技创新和产业创新的过程中，注意将瞄准国家发展的战略需求与坚持以用户为中心的科技发展理念结合起来，瞄准消费者和农业经营主体的需求推进农业科技进步，体现了强烈的战略引领、需求导向和实用为重原则。根据杨东霞（2021）的资料，澳大利亚一直将科技创新作为国家和产业发展的根本，20世纪90年代中期在农业研究领域的投资强度超过5%[3]。该国注重科研、教育培训、推广、产业化的整体协调和商业应用，推进政府与企业、外贸、个体农场联合开发一体化的科技发展战略，较好地体现了需求导向、实用为重原则。以色列柑橘品

---

[1] 如2014年的美国农业法案整合相关项目资金，鼓励基础性、关键性科学研究，资助非营利研究机构设立（国务院发展研究中心农村经济研究部：《农业开放：挑战与应对》，中国发展出版社2020年版，第385页）。
[2] 张广胜：《美国农业》，中国农业出版社2021年版，第145—164、320、321页。
[3] 杨东霞：《澳大利亚农业》，中国农业出版社2021年版，第185页。

牌 Jaffa 誉满世界，一个重要原因是坚持科技为本，通过增强科技优势培育竞争优势，形成品牌壁垒。其中，品种培优发挥了关键支撑作用，在此基础上推进优良品种向优良品质进而向优良品牌转化。从柑橘育苗、栽培到加工、储藏保鲜各环节，科技支撑环环相扣并需达到较高的质量标准要求，推动柑橘产业链成为分工精细的科技密集型产业[1]。张亚辉、柯小华（2021）的研究发现，意大利在农业机械、农产品加工和储藏保鲜技术与设备、农产品和食品安全可追溯技术、生物肥料和农药、优质水稻和水果选育、用作功能性食品原料的农作物育种技术等方面占据优势地位，这同其长期以来围绕传统农业保护、饮食文化、市场需求和农业可持续发展等领域，开展了大量新技术、新产品研发密切相关[2]。根据陈三林（2017）的研究，荷兰形成了政府、科研机构、企业"金三角"的农业技术创新机制，农业科技创新主要不是自上而下的知识转移，而是更多考虑企业化农户等实际需求，负责政策制定和工作协调的政府、从事基础技术和应用技术研发的大学和研究机构、应用研发成果的农用厂商和企业化农户平等协商，聚焦解决农业发展实践的创新需求[3]。

许多农业强国为推动将现代科技注入农业产业链供应链，都在探索建立符合国情农情的农业科技推广体系方面进行了不懈努力。根据曹斌（2021）的资料，日本人多地少，农业资源短缺，

---

[1] 国科现代农业产业科技创新研究院：《以色列农业：一个农民能养活400人，两大经验值得借鉴》，https://view.inews.qq.com/a/20220127A02Y0800
[2] 张亚辉、柯小华：《意大利农业》，中国农业出版社2021年版，第248页。
[3] 陈三林：《荷兰农产品出口国际竞争力的形成与展望》，《价格月刊》2017年第5期。

环境容量有限，且农户经营规模小，容易导致农业科技推广成本高、难度大[1]。为解决这一问题，日本探索了"政府公益性农业科技研发＋政府公益性农业科技推广＋农协营农指导制度"有机结合的农业科技创新体系，有效促进了农业科技成果向现实生产力的转化。按照现行《农业改良促进法》，日本促进中央政府和地方政府合作开展农业相关技术推广工作，中央承担地方政府农业推广所需财政资金，形成"协同农业推广"格局；普及指导中心和普及指导员分别作为基层农技推广机构和农技推广员，对推进农业科技成果面向农业和农户需求发挥了重要作用。农协等合作经济组织的营农指导体系，将开展以农技推广为主的社会化服务工作，作为提升农业经营和农村生活的必要基础工作，农协成员可根据意愿决定是否接受服务。行业协会、民营企业组成的民间农业科技推广体系，也在农业科技成果推广转化中发挥日益重要的作用。随着农业经营规模化、企业化的发展和核心农户作用的凸显，农业微观组织对科技推广服务的需求日益由均质化转向差异化，导致对民营企业主导的科技推广服务需求进一步增强，其推广内容也日益超出科技推广服务的边界，向农业经营业务咨询、市场销售指导等领域拓展。德国甚至不存在突出的科技成果转化问题（见专栏2-3）。

---

[1] 曹斌：《日本农业》，中国农业出版社2021年版，第277—291页。

> **专栏 2-3　为什么德国没有突出的科技成果转化问题？**
>
> 　　德国没有专门的技术转移法或科技成果转化法，其创新体系体现了政产学研紧密结合的特点，创新链畅通，科技与经济有机结合。在德国，应聘工科教授必须有在企业工作超过5年的实践经验，因此工科大学教授的研究开发项目往往源自企业解决实际问题的需求。这为产学研用结合奠定了良好基础。学校鼓励学生独立思考，加强实践能力训练。老师提出问题或创意，引导学生设计方案、解决问题，成为常态。应用型科研项目要以企业为申报主体，科研计划设置强调企业主体作用，科研成果必须在企业应用，能够解决企业技术难题，才能结题验收，否则就算失败。因此，科研与成果转化是有机结合、融为一体的。经向政府部门申请并获得批准后，教授可以到企业兼职取薪甚至可以兼职开办公司。
>
> 　　资料来源：吴寿仁，《为何德国没有突出的科技成果转化问题？》，《科学网》，https://news.sciencenet.cn/sbhtmlnews/2022/8/370882.shtm

　　许多农业强国推进顶天立地的农业创新驱动能力建设，一个突出表现是，将推进数字技术与农业产业链供应链融合发展，作为国家战略重点和发展的优先方向，推动新一代信息技术广泛应用到农业发展全过程，构建农业及其关联产业竞争新优势。如以创新研发闻名的澳大利亚，政府高度重视这些新技术的推广应用和农业智能化水平的提高，确保这些技术能从实验室顺利进入农业发展实践。通过研究、开发、推广的结合，帮助供应商提升供应链创新能力，进行牲畜电子识别，研究国内外市场的消费偏好，实行海外市场和产品测试[1]。近年来，德国政府将农业数字化作为部门研究的优先领域，加强对农业农村数字化的项目支持，通过促进数字农业、数字农村技术创新，提高农业资源利用效率。德国倡导的农业4.0，聚焦精准农业、物联网、大数据在农业生产过程中的应用，提升农业生产效率。法国《农业—创新2025》强调利用数字技术预测和适应气候变化，促进水资源管理并开发农业服务门户，向农民提供新知识和新的咨询服务，促进资源保护，提高产品质量和生产的可追溯性，推进快速、精准、安全的农业机器人研发及其在农业生产过程中的推广应用，促进农民和农业供应链上下游企业的经验更好地融入农业开放式创新系统和培训项目，增强农业产业链供应链的运行效率，推进生态农业和生物经济转型，加强生物防治[2]。各种数字农业服务平台，正在为精准农业、智能农业、生态农业发展不断注入新的活力。

---

[1] 杨东霞:《澳大利亚农业》，中国农业出版社2021年版，第13页。
[2] Rapport-agriculture-innovation2025, http://agriculture.gouv.fr/sites/minagri/files/rapport-agriculture-innovation2025.pdf.

4. 坚持质量兴农、绿色兴农联动，协调增强农业竞争力和可持续发展能力

世界农业强国不仅现代农业高度发达，经济发展和居民收入水平也比较高。随着消费结构升级和消费需求分化，在这些农业强国中，居民对农产品/食品的消费需求日益追求个性化、多样化、优质化、安全化、绿色化、品牌化、服务化消费日益受到青睐。世界农产品/食品消费需求和消费结构的变化也大致呈现类似趋势。要抢占参与农业国际竞争的制高点，推动农业价值链升级，必须在这些方面掌握先机。因此，各农业强国尽管地理位置和资源禀赋不同，但在结合国情农情，探索质量兴农、绿色兴农道路方面都走在世界前列。根据曹斌（2021）的资料，第二次世界大战后，日本政府大力扶持水果产业发展，通过加大财政补贴和低息贷款支持，促进水果产量增加，但也由此引发水果单价下降问题[①]。在此背景下，日本政府注意推动水果产业由产量增长型向质量提升型转变，通过优化水果种植结构，提升水果产业质量、效益和竞争力。为此，日本政府一方面鼓励果农减少柑橘等传统品种生产，改种樱桃、葡萄、猕猴桃等其他高附加值水果；另一方面鼓励改良优良品种，注意培育大量高糖、易食、健康且富有市场竞争力的水果新品种。日本政府在发展稻米种植业的过程中，鼓励选育和推广良种。因此，日本虽然米价较高，但米质优良。日本政府还注意引导良种选育推广更好地针对加工和家庭消费特

---

① 曹斌：《日本农业》，中国农业出版社2021年版，第72—74页。

点，把食味、香味等作为重要指标，选育专用品种；鼓励按照气候条件，因地制宜培育形成地区性良种体系[①]。德国从农产品生产到食品加工、批发和零售企业，直至居民餐桌消费的全过程，每个环节都有严密的质检措施和法律、机制保障，确保食品安全。法国农业竞争力强，固然与其良好基础有关，近年来积极推进农业生态转型、农业设备和生产资料升级、发展有机农业也是重要原因。根据杨东霞（2021）的资料，澳大利亚长期鼓励生产安全性和质量声誉较高的差异化产品，借此瞄准高端食品市场，开拓高价值国际市场，并在国内市场形成国外产品的替代品；政府通过消除贸易壁垒等措施，帮助生产商打开国内外市场，并获得高额利润[②]。

许多农业强国在推动农业绿色发展和可持续发展方面，都走在世界前列。20 世纪 80 年代，基于对之前片面追求农业增产的传统发展模式的反思，法国提出了"理性农业"理念，更加注重全面考虑生产者的经济利益、消费者需求和环境保护，实现农业可持续发展。据此形成的理性农业标准，在保障生产者收入的前提下，注意提高农产品质量、保护生物多样性、促进农业与自然和谐发展，增进农业和食品生产利益相关者的协同，从理念、制度和行动上贯彻绿色、环保和可持续发展要求。为此，法国政府设立绿色未来基金鼓励农户向发展绿色农业转型。近年来，法国

[①] 日本政府在各产区设立公益性稻米育种中心，在矮秆穗数型基础上培育形成高产、抗灾、优质并适应机械化要求的地区性良种体系，几乎每个地区都有自己的特有品种。见曹斌：《日本农业》，中国农业出版社 2021 年版，第 53 页。
[②] 杨东霞：《澳大利亚农业》，中国农业出版社 2021 年版，第 14 页。

农业补贴政策转型也呼应了对质量兴农、绿色兴农的重视。如为鼓励发展高效生态农业[1]，法国实施农业复兴计划，通过发放生态农业补贴激励农户购买生态农机具，并给农户税收抵扣和减免，支持农业和林业更好地适应气候变化，引导农户以绿色消费需求为导向，聚焦提高市场竞争力和农业可持续发展能力，将发展集约化经营和生态农业、有机农业结合起来[2]。近年来，在WTO多边规则下，农业支持保护政策改革的一个重要趋势是，发达国家在降低关税的同时，通过制定更加严格的食品安全、动植物卫生检验检疫法规等，按照农产品质量标准、食品标签和包装要求，强化环境保护和动物福利等，将实质性实现对农业的支持保护同规避多边贸易规则约束结合起来[3]。这些举措，有利于农业强国通过推进质量兴农、绿色兴农，更好地赢得国际农业竞争和合作的主动。

支持优质、绿色农产品扩大市场需求，也是许多农业强国支持质量兴农、绿色兴农的重要方式。如法国通过强制食品和餐厅菜品必须包含20%的绿色食品，鼓励生态农产品消费。近年来，法国致力于推动各地区消费可持续、健康的当地农产品，计划每个省至少推行一个区域食品计划，要求各区县学校食堂实现食品采购本地化，借此提高本地新鲜食品的利用价值，缩短物流路径

---

[1] 法国致力于发展的高效生态农业以绿色消费需求为导向，以提高市场竞争力和可持续发展能力为核心，将集约化经营与生态化生产有机结合起来，具有高投入、高产出、高效益和可持续发展等特征。
[2] 李岩：《法国农业》，中国农业出版社2021年版，第86、117—121、236—237页。
[3] 余欣荣、杜志雄：《当代世界农业》，中国农业出版社2021年版，第299页。

并减少物流过程的碳排放,同时培训食堂从业者利用果蔬储藏保鲜和加工设备的能力。法国还大力支持乡村餐饮业发展,带动当地农户就业①。有机农业发展冠誉世界的丹麦,在推广有机农业过程中并不对单个农场主提供补贴,而是给有机农场主提供教育培训机会,并要求学校、医院、养老院等公共机构食堂办成"有机食堂",借此帮助有机农业扩大市场需求,优化发展条件。美国的食品与营养援助政策,最先起源于针对低收入家庭的食品援助计划,其政策目标已从早期减少农业盈余,转为减少饥饿和严重营养不良,以及促进低收入家庭营养和健康。这不仅为低收入家庭减轻了食品支出压力,可以帮助其改善营养健康状况;还增加了整个社会的食品消费量,对农产品价格发挥了间接支撑作用②。

5.坚持标准引领、品牌强农,推进产业聚链集群和特色化差异化发展

许多农业强国在农业及其关联产业或其特定领域,展示了较强的国际竞争力,一个重要原因是,在坚持标准引领、品牌强农方面走在世界前列。如丹麦政府不仅以立法方式规范化肥和农药的使用,还针对不同土壤和作物制定了严格的化肥、农药使用标准。"养猪王国"丹麦以其安全优质的猪肉赢得世界高度赞誉,一个重要原因是,从养殖到屠宰过程均采用世界上最严格的检疫标准。在日本,市场销售的农产品及其加工品必须接受有机农业标

---

① 李岩:《法国农业》,中国农业出版社2021年版,第119页。
② 张广胜:《美国农业》,中国农业出版社2021年版,第104页。

准制度监管，并按标准进行认证。这为日本精致农业的发展提供了重要保障。澳大利亚政府从产品品种、质量等级到生产技术规程、仓储物流保鲜等方面，制定了严格且富有针对性、可操作性的农业标准体系，并推动其与国际先进标准接轨，引导提高农产品质量，增强国内外市场竞争力。农业部门颁布的农业标准技术法规，任何企业和个人都必须遵守。通过推进农业标准与国际接轨，也为增强农业国际竞争力提供了便利[1]。法国政府长期推动形成以原产地证明、欧盟原产地证明为重点的农产品质量标准体系，鼓励发展绿色可持续的生态农业和农产品加工业，有效促进了农业竞争力的提升。

许多农业强国作为世界推进农业现代化的领头羊，努力营造需求引领、科技为本、标准化支撑品牌化、品牌化带动标准化的强农机制。这些农业强国面向市场需求，立足区域特色优势资源、先进的农业生产技术和管理经验，通过加强农业产前、产中、产后标准体系和技术规范建设，推进产业链各环节标准体系协调衔接，引领农业提高农产品/食品质量和农业效益、竞争力；还通过加强食品安全治理和农产品质量安全管控，优化产业运行和产业链供应链管理，加强科技创新和产业创新能力建设，促进人—自然—社会和谐协调发展。结合推进农业标准化、规模化，加强农业/农产品质量安全认证体系建设，这些农业强国还将实施农业品牌战略与推进农业产业化、市场化和社会化结合起来，努力

---

[1] 杨东霞：《澳大利亚农业》，中国农业出版社 2021 年版，第 84 页。

提升产品辨识度、美誉度和品牌溢价，培育消费者忠诚度和品牌影响力，引导农业坚持高端、高质量发展定位，拓展产业发展空间和价值增值空间，促进农业资源配置效率和市场竞争力的提高。如法国为推进农业复兴计划、整体改善农业生态环境，激励农户购买生态农机具，鼓励农户减少农药使用，并在大田种植区周围加大种植树篱和灌木丛等多样性植物，借此改善大田周围水质并增强土壤透水性，保护碳存储资源。而且，法国近年来还加强了环境高价值发展认证[1]。以色列高品质柑橘品牌Jaffa享誉世界，赢得欧洲消费者的青睐，代理Jaffa品牌销售需要支付昂贵的授权费。产地得天独厚的土壤和气候条件，从育苗、嫁接、施肥、灌溉、病虫害防治到采后处理环环相扣的标准化流程，共同塑造了Jaffa作为柑橘产品酸甜可口的品质，也保证了产品口感、外观、规格甚至果香能够击中消费者的兴奋点。以色列柑橘营销委员会对每颗柑橘果实的甜度、酸度、含籽数、果皮颜色、疤痕都有严格的标准规定，并明确要求其种植者接受监管，对其包装厂进行抽查。违规者不得使用Jaffa商标[2]。

消费需求升级和消费需求分化，带动农业标准化、品牌化的重要性凸显。这日益要求农业标准化、品牌化的发展，呈现由主要集中于生产环节向日益重视产业链供应链一体化的转变。这对重视产业链供应链不同环节之间标准化、品牌化的衔接协同，强

---

[1] 李岩：《法国农业》，中国农业出版社2021年版，第118页。
[2] 《高品质的柑橘类水果代名词：Jaffa》，https://baijiahao.baidu.com/s?id=1728626788429432544&wfr=spider&for=pc

调产品生产、加工、流通过程的社会责任,提出了更高要求。如国际有机农业运动联盟1972年就提出了有机农业发展的健康、生态、公平和关爱等四项基本原则。良好农业规范强调减少农用化学品和药品使用,关注动物福利,关注环境保护及工人健康、安全和福利,严格监管初级农产品生产的微生物含量等[①]。

许多农业强国还将坚持标准引领、品牌强农,同引导农业优势特色产业聚链集群成带发展结合起来,培育农产品特色竞争优势,促进农业资源利用效率和产业竞争力的提升,也推动农业发展更好地满足不同层次、日益细分的消费需求。农业标准化、品牌化的纵深发展,往往导致对农产品产地环境的要求日益提高,推动农业优势特色产业聚链集群成带发展的需求更加凸显。获得地理标志认证的产品,往往向消费者展示了较高的农产品质量标准和有效的农产品原产地信息,许多农业强国都对获得地理标志认证的农产品生产加工给予较大支持,相关产品在市场上也容易获得较高的品牌溢价。因而,市场机制的作用,也会推动优势特色产业向原产地集中。如按照法国原产地命名葡萄酒标准,葡萄酒质量和风格首先取决于产区气候、土壤、品种等自然条件,其次才取决于与之适应的栽培、采收、酿造等人为因素。鉴于葡萄酒产业布局受生态环境影响较大,法国推动葡萄酒种植、加工向适宜地区集中,形成葡萄酒产业链上中下游有机结合产业集群,同时限制不适宜发展酿酒葡萄的地区发展葡萄酒产业。法国土壤

[①] 余欣荣、杜志雄:《当代世界农业》,中国农业出版社2021年版,第186—196页。

多种多样，拥有能够满足不同葡萄品种、各层次葡萄酒质量需求的土壤条件；加之法国严格的葡萄酒分级管理和质量管制制度，有利于控制葡萄酒品质、保持原产地特色和传统[1]，这些也为法国葡萄酒产业发展能够满足国内外市场不同层次的消费需求创造了条件。澳大利亚的葡萄酒庄园、日本的田园综合体、荷兰以花卉为主题的特色小镇等，都是涉农优势特色产业聚链集群成带发展和特色化差异化发展的典型代表[2]。

6. 坚持推进涉农组织多元化网络化，促进现代农业同现代服务业、先进制造业深度融合发展

综观世界，支持农业合作社和涉农行业组织发展，一直是各农业强国支持农业组织创新的重点。这些农业强国，一方面注意通过涉农法律，特别是农业合作社、涉农行业组织相关法律的制修订，完善农业合作社、涉农行业组织的发展环境，引导督促其规范运行；另一方面注意通过加强财政、金融支持和税收优惠，引导农业合作社优化发展方向，发挥对农业转型升级的引领带动作用。如法国1943年就通过了专门的《农民合作社法》，1945年法国政府推动成立了全国农民专业合作社联盟，后来的《农业指导法》《农业生产经济组织法》《农业合作社章程法》也都对农业合作社的发展和行为规范产生重要影响。20世纪60年代初法国出台的《农业指导法》，其重要宗旨是实现农业和其他产业的平等

---

[1] 李先德：《法国农业》，中国农业出版社2014年版，第351—363、367—368页。
[2] 余欣荣、杜志雄：《当代世界农业》，中国农业出版社2021年版，第181—183页。

发展，由此自然促进农业合作社和涉农行业协会发展环境的优化。经过长期发展，法国已经形成基层合作社、地区合作社、中央合作联社各为独立法人、互无隶属关系的三级体系结构，成为农业社会化服务的重要主体，基本形成了以政府为主导的农业合作社规范化管理政策。政府的财政支持和补贴是农业合作社的主要资金来源。政府还通过减少社员同合作社开展商业活动的税收，要求农业信贷机构为农业合作社提供低息农业贷款，规定合作社可免除根据经营利润征收的公司税，并减半征收地方税等措施，增强合作社发展动力和对社员参与的吸引力[1]。对农业合作社和涉农行业协会发展赋权，也是政府支持其发展的重要方式。如在德国，农场主均加入了各类综合协会和生产专业协会，通过这些协会获得生产经营所需技术、市场和信息服务，各农场经营面积、养畜量在总体上由政府制订计划，并通过各种协会协助实施[2]。

此外，各农业强国还把支持农业合作社和涉农行业组织发展，同鼓励其在推进农业产业链一体化发展中发挥纽带作用结合起来。如为克服小农经济对农业发展的桎梏，长期以来法国政府在推进土地集中和农业规模经营的同时，注意将支持农业发展的重点，转向支持农产品生产、加工、销售领域的专业化和一体化发展，鼓励合作社提供产前、产中、产后一体化服务。通过加强对农业合作社和涉农行业组织发展的公共服务，帮助其解决自身解决不了、解决不好、解决起来缺乏经济合理性的问题，也是政府支持

---

[1] 李岩：《法国农业》，中国农业出版社2021年版，第86页。
[2] 李婷：《德国农业》，中国农业出版社2021年版，第22页。

农业合作社和涉农行业组织发展的重要导向。如加强对农业合作社、涉农行业组织发展的信息服务、人员培训和出口支持，积极开展相关宣传和经验推广工作。随着农民合作社的发展壮大，许多农业强国农业合作社的发展日益走向市场化，合作社治理机制公司化、运行机制股份化、发展目标营利化也日益成为趋势，专业性强的合作社开始向综合化、联盟化发展，甚至许多地方的合作社与行业组织之间边界日益模糊，其发展能级不断放大。但政府支持农业合作社和涉农行业组织在推进农业产业链供应链一体化发展中发挥作用，同样也呈不断加强的趋势。

除农业合作社和涉农行业协会外，许多农业强国还注意支持农业组织创新的多元化、网络化发展。如2013年的欧盟共同农业政策改革，将增强欧盟农业竞争力作为重要目标之一，实施提升农业竞争力计划补贴，导致相关支持力度明显加大，法国农业和食品部及各地区也加大了相关补贴力度。德国有一些支持农业、食品业特别是农产品加工、销售发展的政策措施，如《农业生产适应市场需求法》将增强农业、食品业在欧盟共同市场的竞争力作为重要目标，要求促进农产品加工和销售业发展，为此采取了财政补贴、贷款支持、贴息、担保和税收优惠等措施。这些措施，实际上有利于农业企业、相关平台组织、农业跨国公司发展。许多农业强国通过富有世界或区域影响的农产品批发市场、拍卖市场及农产品出口协会、农业展览会等出口、营销促进平台的运行，打造农产品或农资价格形成中心、物流集散中心、信息交流中心等，在促进农资或农产品生产商、加工商、贸易商等利益相关者交流合作的同时，为优化农产品市场调控、增进产业链供应链质量效益和竞争力提供便利。如拥有"会展王国"美誉的德国成为农业强国，一个重要原因是将优势互补、各具规模和特色的农业展览会，如法兰克福肉类食品加工业展、柏林国际绿色周等，作为推进农产品营销、提升市场竞争力的利器，借此促进农产品生产、加工和销售发展。除通过传统的产品展示外，还通过论坛、时装秀、研讨会等方式，满足商业模式创新需求，发挥国际订单交易平台功能[①]。

许多农业强国还将支持农业产业组织创新多元化、综合化、网络化发展，同促进现代农业同现代服务业、先进制造业融合发展结合起来，注意发挥现代服务业对涉农制造业、现代农业发展的引领带动作用。如在世界农业发展和资源配置中，期货公司的引领作用较为突出，许多农业强国注意培育农业利用期货市场的能力，借此完善农业宏观调控，提升对区域性甚至世界性农产品市场的驾驭能力。作为人口和国土小国的荷兰，花卉产业称霸世界，一个重要原因是依托优越的地理位置，形成了以世界最大的阿尔斯梅尔鲜花拍卖市场为中心，发达畅通的海、陆、空物流运输网络，将花卉园艺种植企业与海内外消费市场紧密联系起来。新西兰农业强国建设的一个重要基础，是立足资源禀赋和比较优势，大力发展以畜牧业为主的初级产业、以农产品加工业为主的第二产业、以旅游业为主的现代服务业，并通过国际贸易融入世

---

① 李婷：《德国农业》，中国农业出版社 2021 年版，第 42 页。

界价值链和产业分工网络。该国还通过现代产业组织，整合农场主、农产品加工和贸易销售企业，形成从农场到餐桌的完整产业链供应链和利益联结机制。在法国农业和食品工业等农业关联产业的发展中，农业合作社往往发挥举足轻重的作用，其经营活动覆盖从农业生产到农产品加工、销售、贸易各环节，很多农业合作社及由此组成的农业合作社联盟，逐步发展成世界知名的大型农业或农业关联行业企业集团，形成涵盖农业生产、加工、储藏、贸易、农资供应的农工商综合体，通过其卓有成效的供应链管理，有效促进了农业节本增效和竞争力提升。许多农业跨国公司成为农业强国参与世界农业竞争的制胜法宝，一个重要原因是，这些跨国公司通过现代服务业引领现代农业、先进制造业融合发展，形成了较强的产业链整合、创新驱动和抗风险能力[1]。

7. 坚持加强农业劳动力教育培训，突出提升青年农民素质

许多农业强国通过加强农业劳动力教育培训，促进了农业及其关联产业劳动力素质的提高，为增强产业创新力、竞争力和可持续发展能力提供了雄厚底蕴。如欧盟共同农业政策强调农民是欧洲农村社区的核心，负责提供重要的公共物品，应该鼓励农业

---

[1] 如美国的 ADM、邦吉公司、嘉吉公司和法国的路易达孚公司四大跨国粮商在国际粮油产品市场拥有较强话语权和控制力，甚至经常通过操纵市场谋取巨额垄断利益。ADM 拥有世界最大的谷物和油料加工厂，世界最大的燃料乙醇生产商，美国最大的大豆加工厂、第二大面粉厂，通过构建从田间到餐桌、覆盖从粮食生产收购到物流贸易、粮油加工等多领域全产业链，培育形成较强的低成本竞争优势和品牌竞争优势。美国嘉吉公司一直将风险管理能力作为其最看重的能力之一，注重综合运用多种风险管理方式，管理或转移农业产业链风险，并为客户量身定制风险管理解决方案，帮助其减少市场波动带来的风险。

知识传承，帮助青年农民获得土地，帮助新一代农民加入农业，促进农村地区就业、经济增长、社会包容和社会发展等[1]。农业强国法国、德国是世界现代农业教育和培训的先驱。18世纪中期，世界最早的兽医学院诞生于法国。19世纪中期，法国农业部已建立比较完善的农业技术教育体系。20世纪60年代初，法国已出台《农业教育和农业职业培训法》。迄今为止，法国已形成包括初级农业教育、继续教育和学徒培训、高等农业教育有机结合的农民教育培训体系，中央和地方政府为其提供资金支持。近几十年来，法国的农业教育培训体系日益强调生态农业、理性农业的理念，为提升农产品品质和市场竞争力提供了重要保障。强调与地方经济结合，适应世界农业发展的节奏，提高人才培养的针对性，注重培养面向世界特别是欧洲的农业人才，也是法国农业教育培训体系的一大特色。尤其是近年来，法国农业教育被赋予更强的社会功能，强调为农业农村、经济和生态环境的和谐可持续发展服务，并让农民生活得更有尊严。目前，法国农民和农场主基本具有农技高中和农业大专以上文化水平，拥有丰富的专业知识和现代经营理念[2]。德国尽管农业劳动力数量较少，但由于农业劳动力质量处于世界领先水平，其农业劳动力资源仍然是丰富的。可以说，通过构建适用、高效、具有世界先进水平的农业教育培训

---

[1] 张亚辉、郝卫平：《欧盟农业》，中国农业出版社2021年版，第85页。
[2] 李岩：《法国农业》，中国农业出版社2021年版，第88—90、164—180页。

和技术推广体系[1]，带动农民素质提高，促进农民专业化、职业化发展并成长为实行农业企业化经营的全才，为德国提高农业生产效率和经营效益、促进农民富庶化提供了便利，也为开发农业多种功能价值、培育生物能源、再生原料等产业创造了条件[2]。

许多农业强国不仅重视通过农民教育培训提高农民从业能力，还将其同农民取得职业资格结合起来。如在法国相当于高中一年级或二年级水平的"农业职业能力证书""农业职业文凭"持有者，只能在农场或农业企业当雇工。只有通过农业职业教育并取得绿色证书的农民，才能从事农业经营并享受政府补贴和优惠贷款[3]。在德国，高中毕业生可直接参与农业初级培训，实行学校培训和企业实践相结合的双元制教学，获得合格的农业职业资格证书后才能成为农业工人。在此基础上，再经过一两年农业实践后，经历一两年职业专科学校学习，获得国家认证的初级管理师、农业企业管理师证书后，才有资格管理或开办农业企业。职业学校毕业的农业工人也可以报考大学，毕业后成为农业工程师[4]。按照

---

[1] 早在19世纪中后期，德国就有以中小农场主为培养对象、适用性强的冬季农业学校。20世纪初，德国的农业职业教育包括农业职业学校和农业学校，分别以农业工人和农业企业主为培养对象（余欣荣、杜志雄：《当代世界农业》，中国农业出版社2021年版，第208—209页）。德国的农业职业教育形成了农业初级培训、农业职业继续教育、农业在职教育循序渐进的培养层次。各种业余大学和培训班，也是农民职业教育和培训的重要方式。正规大学或大专院校也为德国培养了大量的农业专门人才，职业学校毕业的"农业工人"可以报考大学，毕业后取得文凭并成为农业工程师（李婷：《德国农业》，中国农业出版社2021年版，第7页）。
[2] 肖红利、王斯佳、许振宝、李哲敏：《德国农业4.0发展经验对中国农业发展的启示》，《农业展望》2019年第12期。
[3] 李岩：《法国农业》，中国农业出版社2021年版，第88—90页。
[4] 李婷：《德国农业》，中国农业出版社2021年版，第165—166页。

德国推进农业4.0模式的要求，农民不仅要经过系统教育和严格的职业培训及进修，还要经过考试才具有从事农业的资格[1]。丹麦有机农业发展对农场主素质的要求较高，农场主要有相应的基础教育背景、农业专业资质证书，并掌握必要的相关专业技能。按照丹麦法律，大于30公顷的农场只能由持有"绿色证书"的农民购买，农场主不得向其子女赠送或遗赠农场[2]。这为提高农场主素质，进而保障农产品质量，奠定了重要基础。

此外，许多农业强国还把加强农民教育培训，同培育农业后备人才队伍结合起来，尤其重视加强对青年农民成长的支持。如美国2014年的农业法案，增加了向新农场主和新牧场主提供培训、教育、宣传和技术援助项目的计划[3]。法国鼓励青壮年劳动力从事农业，并重视对农民特别是青年农民的职业教育和培训。在法国，对于城市人口转行经营农业或青年农民扩大农业经营规模，中央政府不仅给予40%—50%的资金支持，还通过设置农者立业补贴、提供优惠信贷、减免所得税等优惠支持，鼓励青年创办家庭农场。此外，长期以来，法国政府注意通过政策创新，促进农业劳动力结构的优化和素质的提高。为此，法国政府大力支持除巴黎外的法国城市发展，鼓励工业向靠近农村和落后地区转移，借此拓展农业劳动力转移渠道和非农就业机会；对愿意转换职业

---

[1] 肖红利、王斯佳、许振宝、李哲敏：《德国农业4.0发展经验对中国农业发展的启示》，《农业展望》2019年第12期。
[2] 焦翔、修文彦：《丹麦有机农业发展概况及其对中国的启示》，《世界农业》2019年第8期。
[3] 余欣荣、杜志雄：《当代世界农业》，中国农业出版社2021年版，第142页。

的农民提供补偿资助,给接近退休年龄的农民一次性发放非退休补助金[1]。日本为促进青年人从事农业生产,设立了"青年等就农规划制度",采取多种措施支持18—45岁、对农业感兴趣的青年人返乡务农[2]。如通过补贴方式鼓励种养大户或农业企业吸纳青年人研修;设立"青年等就农资金",为青年人返乡务农提供无息、低息贷款,促进农地向新农人集约,为新农人参加农民养老保险提供保费补贴。

8.坚持统筹发展和安全,化解瓶颈制约和短板弱项

"风起于青蘋之末,浪成于微澜之间。"纵观农业强国的发展过程,由于国情农情和发展阶段的变化,农业强国农业发展的政策目标也会经历不断调整;甚至由于资源禀赋悬殊,不同国家对农业及其关联产业的支持政策往往表现出明显差异。但是,坚持统筹发展和安全,有效防控农业及其关联产业发展中的风险隐患,却是共同的。尤其是提升农业及其关联产业链供应链韧性和安全水平,可以在应对国际局势动荡加剧时更好地做到有备无患。农业及其关联产业链供应链韧性足,可以规避外部冲击导致农业产业链供应链遭到损害、变形甚至断裂。

坚持统筹发展和安全,首先要强化农业发展的底线思维,其中最重要的是保障粮食或重要农产品有效供给。如根据曹斌[3]

---

[1] 李岩:《法国农业》,中国农业出版社2021年版,第88—92页。
[2] 曹斌:《日本农业》,中国农业出版社2021年版,第187页。
[3] 曹斌:《日本农业》,中国农业出版社2021年版,第39—43页。

（2021）和姜长云等（2014）[①]的研究，日本在推进农业现代化的过程中，尽管不同发展阶段的发展要求有所变化，但确保粮食安全一直是条主线。第二次世界大战后，日本粮食需求增加，但供给匮乏的问题比较突出。为解决这个问题，日本"双管齐下"增加粮食有效供给。一方面，通过大力加强农业基础设施建设，支持用动力机械代替畜力耕作，推广使用化肥农药等措施，大力发展大米等粮食生产；另一方面，对大米流通实行管制，以确保稻米再生产为原则确定稻米政府收购价格，以稳定国民经济为原则核算政府销售价，两者之差由财政资金填补，借此激发农户增产积极性。20世纪60年代以后，日本农产品消费需求饱和，农产品供给过剩问题凸显。同时随着经济高速增长和工业化、城镇化的快速推进，调整农业经营结构、增加农民收入、缩小城乡差距的重要性凸显出来。为此，日本积极推进农业现代化和山村振兴。其间尽管日本谷物自给率迅速下降，但作为居民主食的大米自给率仍然保持在接近100%的水平，大米生产仍是政府支持发展的重点产品。20世纪90年代，日本在食物自给率下降的同时，农业人口老龄化、农地面积减少、弃耕现象增加等问题凸显。在此背景下，1999年颁布的《食物农业农村基本法》对农业政策进行了新的调整，设立了保障食物供给安全、发挥农业多功能性、强调农业可持续发展和山村振兴等四项政策目标，标志着日本农业发展的最终目标，已由"保护生产"转向"保护消费"，并由单

---

① 姜长云、李显戈、董欢：《关于我国粮食安全与粮食政策问题的思考——基于谷物自给率与日、韩相关经验的借鉴》，《宏观经济研究》2014年第3期。

纯追求提高农业生产效率转向同时重视发挥农业多功能性、促进农业可持续发展和山村振兴；但仍明确提出"政府必须向国民稳定地提供品质优良、价格合理的食物""需要考虑到国际食物供需情况以及国际贸易的不稳定因素，要立足国内，适当进口和储备""确保无论发生任何歉收、贸易波动等突发事件也能为国民提供最低限度食物保障"。

进一步放宽视野，不难看出，农业强国形成演变的过程，既是相关国家追逐农业发展前沿、向高向强发展的过程，也是其推进农业农村发展化解瓶颈制约和短板弱项的过程。这在作为欧盟成员国的法国、德国、意大利建设农业强国的过程中，可以看得非常清楚。这些欧盟（前欧共体）成员国的农业政策受到欧盟共同农业政策的约束。根据张亚辉、郝卫平（2021）[1]、李先德和宗义湘（2012）[2]的资料，推动粮食生产适应需求变化，是欧盟共同农业政策的长期目标。第二次世界大战后，欧共体粮食供应难以得到稳定保障，粮价波动大。在此背景下，欧共体共同农业政策的出台旨在增加粮食供给、稳定农产品价格，并提高农民生产积极性。其核心是提高欧共体内部的农产品产量，主要手段是实行农产品价格干预政策。由此导致欧共体内部农产品价格高于国际市场一至数倍，从而大大激发了农民生产经营积极性，也推动了随之而来的欧共体内部农产品过剩格局的形成和生态破坏问题的

---

[1] 张亚辉、郝卫平：《欧盟农业》，中国农业出版社2021年版，第62—89页。
[2] 李先德、宗义湘：《农业补贴政策的国际比较》，中国农业科学技术出版社2012年版，第77—80页。

凸显。农产品过剩，不仅容易形成对农产品价格的打压效应，影响农民收入；还对扩大农产品出口提出了迫切要求。较高的价格支持容易引发贸易伙伴、欧共体内部消费者和纳税人的不满，导致共同农业政策运行面临巨大的财政支出压力。在此背景下，如何推动欧共体内部农产品价格与国际市场接轨，同时又能调动农民积极性，成为欧共体共同农业政策改革必须面对的课题。因此，20世纪90年代初，共同农业政策改革的一个重要特点是降低国内价格支持水平、采取收入直接补贴政策，并将提升欧盟（欧共体）农产品在国际市场的竞争力、控制农产品产量、减轻农业补贴导致的财政预算支出压力、实施环境保护、促进农村发展等作为重要的改革目标。尽管如此，2020年的欧盟共同农业政策改革，仍然强调确保粮食安全和食品安全，并将其与增强农业的市场导向性并提高农业竞争力、稳定农业收入、推动环境政策和农业政策融合、提高农业地区活力并简政放权等具体目标并列。

近几十年来，随着农业农村多功能性的凸显和农业农村发展融合进程的加快，统筹农业农村发展日益引起世界农业强国的重视。如共同农业政策改革日益要求在保障重要农产品有效供给的同时，进一步平衡好农业生产、农民增收和农村发展的关系，强调在削减农产品收购价格的同时，保障农民收入和重要农产品有效供给，拓展农业多种功能和推进农业农村绿色发展，激发农村人气和发展活力。从重视农业多功能性角度，强调加强对农业的支持保护，是日本农业支持保护政策的一个突出亮点。

加强对农业农村薄弱环节和关键领域的支持，加强对农业农村发展的风险防范，也是农业强国统筹发展和安全的重要方式。如从 20 世纪 50 年代起，法国政府就着手推进领土整治工作，并将山区整治作为其重要内容，致力于发展、利用和保护山区，将推动山区等不发达地区的农村发展作为重要方向，甚至在农业补贴政策中也专门制定了针对不发达地区的优惠条件，导致对其补贴条件更为宽松、金额更大、比例更高、范围更广。在法国，农场年经营收入来自农业补贴的，平原农场约占一半，山区农场接近 3/4[1]。1961 年日本颁布的《农业基本法》，提出要防止乡村凋敝。1999 年日本颁布的《食物农业农村基本法》，提出了"振兴山间和中山间地区经济"的政策目标。近年来，欧盟共同农业政策改革强调以下方向，实际上也是为了加强对农业农村发展的薄弱环节、关键领域的支持。这些方向包括强调知识和创新对于发展智慧农业，实现农业有弹性、可持续发展至关重要，要在增加对研究和创新投资的同时，使农民和农村社区从中受益；为实现更高的绿色欧洲雄心，共同农业政策应该鼓励农民在应对气候变化、保护景观环境和生物多样性方面发挥关键作用；要重视农民在欧洲农村社区的核心地位，更加重视促进社会包容、减少农村贫困、增强农场发展活力，强化对中小农场和青年农民的转移支付。近年来，澳大利亚政府更加重视顺应农业发展阶段和发展环境的变化，调整完善农业政策和制度框架，以帮助农民更好地应对国际市场和未来变化，特别是更好地应对气候变化，增强市场

---

[1] 李岩：《法国农业》，中国农业出版社 2021 年版，第 85 页。

竞争力和可持续发展能力[①]。前述近年来许多农业强国农业支持保护政策的调整进一步重视农民收入补贴和农业风险管理，也凸显了统筹发展和安全的导向。

二、切忌"行百里者半九十"

不同的农业强国，在国情农情特别是资源禀赋上可能有明显不同，但在探索符合国情农情和发展阶段要求的农业强国建设道路上，都进行了长期不懈的努力。农业强国是所在国在夯实国内粮食和重要农产品供给保障能力，培育农业及其关联产业创新力、国际竞争力、可持续发展能力等方面久久为功的结果。通观世界农业强国的共同特征、农业强国建设的共同趋势和普遍规律，可以得出对我国推进农业强国建设的深刻启示。

1. 对推进农业强国建设的艰巨性复杂性，应该保持清醒认识

从世界农业强国的共同特征来看，我国在建设农业强国方面已经形成一定基础，近年来发展势头良好，但与现有的世界农业强国之间总体差距仍然较大，大而不强仍是我国农业的基本特征，具体表现为世界农业强国的"六高六强"特征，我国都在一定程

---

① 如通过农村重建计划，帮助农民减轻债务、提高生产能力或退出农业；通过澳大利亚农业未来项目，实施气候变化研究项目、农场应对能力调整项目和社区能力建设项目，为财政困难的农民提供短期收入支持、咨询和培训机会，推动其农场增加对环境变化的适应性。

度上存在，但除保障粮食和重要农产品有效供给的基础支撑强外，其他方面都只能说有一定基础、有较大后劲儿、有广阔潜力，尽管近年来发展趋势较好，但基本上仍处于初级阶段，甚至离"基本建成"世界农业强国仍有很大差距。

即便是保障粮食和重要农产品有效供给基础支撑强，当前我国仍然只能说是乐观谨慎。所谓乐观，就是说我国谷物库存充足，只要保障粮食和重要农产品有效供给的现行政策能够得到有效贯彻，短期内保障粮食安全和重要农产品有效供给就不会出现大的问题，保障粮食安全尤其如此。所谓谨慎，就是说立足当前、着眼长远，客观审视起来就会发现，我国保障粮食安全和重要农产品有效供给的基础仍不稳固，形势依然严峻。

尤其是从中长期来看，对我国保障粮食安全和重要农产品有效供给，仍然不能掉以轻心。主要原因是：（1）有效贯彻落实保障粮食安全和重要农产品有效供给的现行政策，本身就存在较大的难度。比如，实行最严格的耕地保护制度，是保障粮食安全和重要农产品有效供给的重要基础。习近平总书记要求"耕地保护要求要非常明确，十八亿亩耕地必须实至名归，农田就是农田，而且必须是良田"[1]。之所以2022年中央一号文件强调"落实'长牙齿'的耕地保护硬措施。实行耕地保护党政同责"[2]，很大程度上正是因为实行最严格的耕地保护制度存在较大难度。随着经济社会

---

[1] 习近平：《论"三农"工作》，中央文献出版社2022年版，第327页。
[2] 中国政府网：《中共中央 国务院关于做好2022年全面推进乡村振兴重点工作的意见》，http://www.gov.cn/zhengce/2022-02/22/content_5675035.htm

发展水平的提高，工业化、信息化、城镇化发展与粮食和农产品生产争夺耕地的矛盾将会愈演愈烈；而且从国内外经验来看，粮食和重要农产品供给保障能力"毁坏易，恢复难"[1]。（2）从国际经验来看，随着收入、消费水平的提高和消费结构多元化的推进，食物和农产品消费来源日益多样化，会导致非粮食生产作物生产与粮食生产争夺耕地、水资源和其他生产要素的矛盾愈演愈烈，影响粮食生产能力的稳定和持续。（3）当前世界面临百年未有之大变局，国内发展的体制性、周期性、结构性矛盾相互交织，影响粮食安全和重要农产品有效供给的不稳定不确定因素明显增多加重，尤其是类似新冠肺炎疫情、地缘政治冲突、美国西部极端干旱奇寒等"黑天鹅""灰犀牛"事件发生频率增加，很容易放大保障粮食安全和重要农产品有效供给面临的风险挑战。（4）从统筹发展和安全的角度出发，对于我国这样的人口大国，保障粮食安全和重要农产品有效供给应该适当留有余地。

与世界农业强国的"六高六强"特征相比，且不说我国要在全球农业竞争合作中形成规模化的农业比较优势和强势竞争力、创新力、可持续发展能力需要久久为功，很容易出现"行百里者半九十"的问题；仅从农业强国其他主要评价指标来看，当前我国同主要农业强国之间仍可谓差距明显甚至悬殊。从表2-1可见，当前就总体而言，我国仅城市化率指标与农业强国差距较小，到

---

[1] 如1998年我国粮食产量已经达到51230万吨的当时历史高点，但经历1999年到2003年的连续5年减产后，2003年全国粮食产量下降到43070万吨，低于1990年的水平。从2004年开始，我国粮食产量逐年恢复性增长，但到2008年才恢复到略超过1998年的水平。

2035年可望基本达到或超过现有农业强国的低值要求[①]；其他主要评价指标要达到农业强国2020年的低值要求差距更大，到2035年大多很难达到现有农业强国2020年的水平。在一定程度上甚至可以说，我国基本建成农业强国的时间，很可能要比2035年基本实现农业农村现代化的时间晚几年。如从经济发展水平来看，在我们所选的世界农业强国中，2020年意大利人均GDP水平最低（31714.22美元），其他农业强国的人均名义GDP都在35000美元以上。2020年我国人均GDP为10434.78美元。如果到2035年我国人均收入较2020年翻一番，要求人均GDP年均实际增长4.73%，按2020年美元不变价格计算到2035年我国人均GDP也不足21000美元，与现有农业强国2020年人均GDP的最低值仍有很大差距。但考虑到随着人均收入水平的提高，维持较高速度增长的难度越来越大。从近年来我国GDP和人均GDP增速的变化趋势来看，到2035年要实现我国人均GDP较2020年翻一番，已存在较大难度。要使2035年我国人均GDP达到意大利2020年的水平，要求2021—2035年我国人均GDP年均递增7.69个百分点，其难度之大可想而知。

[①] 按照世界银行数据，2011—2020年10年间，我国城市化率由2010年的49.23%提高到2020年的61.43%，年均提高1.22个百分点。到2035年将我国城市化率提高到农业强国2020年的最低值水平（即意大利的71.04%），需要我国城市化率年均提高0.64个百分点。

表 2-1　2020 年我国与农业强国部分主要评价指标差距比较

		人均 GDP /美元	城市化率 /%	农业劳动生产率/万美元/人**	农业劳均固定资产形成总额**	农业从业人数占比/%**
中国		10434.78	61.43	0.52	0.08	25.33
农业强国最低值		31714.22（意大利）	71.04（意大利）	2.27（日本）	0.69（日本）	5.84（新西兰）
农业强国次低值		39030.36（法国）	77.45（德国）	4.19（意大利）	1.24（意大利）	3.89（意大利）
中国差距	农业强国最低值	32.90%	10.29 个百分点	22.91%	11.59%	19.49 个百分点
	农业强国次低值	26.74%	16.02 个百分点	12.41%	6.45%	21.44 个百分点

注：在本表中，人均 GDP、农业劳动生产率、农业劳均固定资产形成总额均按 2020 年美元不变价格水平计算。对应城市化率的中国差距，用农业强国城市化率最低值或次低值与中国城市化率之差计算，其他 3 个指标均用中国对应指标占农业强国最低值或次低值的百分比计算。农业从业人数占比最低值和次低值分别用农业从业人数占比最高值和次高值代替。带 ** 者表示 2019 年数据。

考虑到以下三方面的因素，今后我国加快农业强国建设、缩小与农业强国的发展差距任务更为繁重。第一，农业强国建设不可刻舟求剑，农业强国的门槛会在全球农业竞争合作的浪潮中，随其他国家农业强国建设的后续进展而水涨船高，因此未来进入农业强国的门槛可能会明显高于当前。即便到 2035 年、2050 年达到农业强国的现有水平，也未必能够进入甚至难以进入当时的农业强国之列。第二，现代化强国建设是个系统工程，农业强国建设不可游离于现代化强国建设之外独善其身，需要国家其他方面的现代化作为建设农业强国的底蕴，与农业强国建设相得益彰、耦合共生。因此，如果国家其他方面的现代化作为底蕴发育不够，农业强国建设也会如鱼失水难以持久。第三，农业强国在已经实现农业现代化的国家中属于佼佼者，在国内要具有雄厚的粮食和重要农产品供给保障能力（不排斥有效利用国际市场），在全球要具有突出的创新驱动能力、国际竞争力和可持续发展能力，因此农业强国建设任务较实现农业现代化的任务更为繁重。

2.农业强国建设需要久久为功，谨防急于求成欲速不达

农业强国是相关国家在培育重要农产品供给保障能力和农业创新力、竞争力、可持续发展能力等方面久久为功的结果，要把推进农业强国建设与培育农业强国建设的底蕴有效结合起来。谨防操之过急，导致欲速不达。

以特色农业强国荷兰为例，尽管其人均耕地面积低于我国、耕地总面积不及我国的0.9%，却是全球农产品出口大国，农业劳动生产率位居全球前列，这与荷兰农业及其关联产业（链）科技含量高密切相关。其背后原因有，荷兰长期加强对研发创新等投入支持，并在推进农作物育种、栽培、种植、生物防治等科技创新能力建设方面久久为功。而且荷兰实施"链战略行动计划"，推动农业产前、产中、产后环节创新能力和科技应用能力建设环环相扣、融为一体，促进生产与市场高度结合等，也是重要原因。这些为增强荷兰农业的出口竞争力提供了雄厚底蕴。荷兰长期形成的宽容包容的社会氛围对农业产业链创新能力的成长也发挥了重要作用。但这些方面都需要依靠长期栉风沐雨、砥砺前行的积累。如荷兰种业国际竞争力强，一个重要原因是荷兰长期重视对

全球种质资源的收集和新品种选育，每年都有大量的杂交育种工作，荷兰还长期重视对植物新品种权利的保护。

今后我国推进农业强国建设，既要在战略上高度重视，增强紧迫感；又要做好打持久战的准备，一步一个脚印地扎实推进。要防止追求速战速决，把本该属于持久战的农业强国建设，转变为打突击战或攻坚战的过程，导致农业强国建设"半途而废"或陷入停滞、逆转困局。

3. 推进农业强国建设，要注意扬弃本来、吸收外来、面向未来

各农业强国建设的历史经验和发展路径，既有不同国家的普遍性，也有其特殊性。要辩证看待农业强国建设的历史经验和发展路径，结合国情农情和发展阶段要求进行创新改造；基于对我国国情农情、发展阶段、发展环境的科学分析，加强对农业强国建设历史经验、普遍规律的批判性借鉴和吸收改造。

由于国情农情、资源禀赋和发展阶段不同，我国建设农业强国的过程，既要注意学习借鉴现有农业强国发展过程中的成功经验和普遍规律，又不能亦步亦趋、照搬照抄。要看到农业强国在特定历史阶段和发展环境下的政策选择，可能有其合理性和必然性，但也可能为其未来发展中相关问题的形成埋下伏笔。既要看到农业强国立足资源禀赋等国情农情，顺应发展环境、发展阶段变化，聚焦提升农业创新力、竞争力、可持续发展能力的战略需求和满足国民美好生活需要，推进政策创新的成功经验；又要看到相关政策选择偏差甚至失败教训带来的历史包袱。要注意资源

禀赋和国情农情不同，对农业强国农业政策选择差异及其结果的影响，从中悟出农业政策形成演变的机理和创新逻辑。如法国农产品质量较高，一个重要原因是基于对之前片面追求农业增产的传统发展模式的反思，20世纪80年代法国提出了"理性农业"理念，强调在保障生产者收入前提下，注意提高农产品质量、保护生物多样性、促进农业与自然和谐发展，增进农业和食品生产利益相关者的协同。法国、德国农产品品质誉满全球，除与长期重视农民教育培训和农业标准化发展密切相关外，也在很大程度上是基于对之前化学农业发展导致农业污染增加、影响食品安全的反思，推动其农业走上日益重视生态环境保护、重视农业生产与自然环境动态平衡的道路。

三、推进农业强国建设时间表

如前所述，如果按照现有的资源配置和政策支持格局，我国基本建成农业强国的时间，很可能要比2035年基本实现农业农村现代化的时间晚几年。从我国与现有农业强国人均GDP的比较来看，到2035年甚至2040年前，要弥合我国与现有农业强国人均GDP的差距都存在较大难度。但是，我国同现有农业强国在各项主要评价指标上的差距并非等同，各指标弥合差距的难度也不一样。只要我们在不违反国际经贸规则的前提下，能够加强并创新对农业强国建设的支持政策，在2035年前提高农业劳动生产率、农业劳均固定资产形成总额，甚至降低农业从业人数占比方面取得较为明显的成效，也是有可能的。届时，虽然我国与各农业强国人均GDP之间的差距仍然难以弥合，但可以运用"A处缺损B处补"的办法，通过在提高农业劳动生产率和农业劳均固定资产形成总额、降低农业从业人数占比等方面取得更大成效，来确保基本建成农业强国。

当然，要在提高农业劳动生产率和农业劳均固定资产形成总额、降低农业从业人数占比等方面取得更大成效，需要我们在强化和创新农业支持政策方面有更大作为，仅靠一般的资源动员和政策调整，是难以实现的。为确保到2035年，或最晚2040年能基本建成农业强国、到2050年或2050年稍后几年能顺利建成农业强国，建议在集思广益和深度调研的基础上出台《农业强国2050》，形成推进农业强国建设的行动指南和战略导引，并全面强化和创新农业强国支持政策。在此需要指出的是，党的十九大提出了"分两步走在本世纪中叶建成富强民主文明和谐美丽的社会主义强国"的战略部署。按照《现代汉语词典》，"中叶"即"中期"之意，因此，我们理解2050年前后均属于"本世纪中叶"。

基于以上方面，要力争到2035年基本实现农业农村现代化，为我国推进农业强国建设打下扎实基础，通过厚植发展优势，到2035年初步形成农业强国的框架。在此阶段，推进农业强国建设既要重视重点突破，又要注意"小火慢煮"，培育底蕴，夯实我国农业比较优势和农业创新力、国际竞争力、可持续发展能力等方面的独特竞争优势。到2035年之后，再经过5年左右的努力和夯实基础，基本建成农业强国，推动我国农业比较优势和独特竞争优势形成规模化发展态势。之后进入我国农业强国建设的冲刺阶段，在全球农业竞争合作中逐步形成较强的规模化比较优势和强势竞争力，力争到2050年或2050年稍后几年，建成富有东亚特色，国内粮食和重要农产品供给保障能力坚实，并凸显创新力、国际竞争力和可持续发展能力的世界农业强国。

第三章
农业强国建设路线图

中国要强，农业必须强。建设世界农业强国，是全面建设社会主义现代化强国的基本要求。在此背景下，廓清我国推进农业强国建设的现状和问题，探讨我国推进世界农业强国建设的战略思路和现实举措，具有重要的战略意义和现实作用。这实际上相当于勾画出我国推进农业强国建设的路线图。

一、农业强国建设的现实方位

现有的世界农业强国，既是当今世界建设农业强国的标杆，又在很大程度上昭示着我国未来建成农业强国的方向。以此为标杆，揭示我国推进农业强国建设的进展、成效和问题，有利于摸清我国农业强国建设的家底，廓清农业强国建设的现实方位。

1. 进展与成效

从与前述世界农业强国共同特征的比较可见，近年来我国在推进世界农业强国建设方面取得了积极进展和初步成效。主要表现是：

第一，在我国经济持续较快健康发展的同时，我国粮食和重要农产品供给保障基础逐步夯实，"谷物基本自给、口粮绝对安全"稳定实现。我国稻谷自给率长期保持在高于 98% 的水平，2021 年粮食、小麦、玉米自给率分别为 80.9%、93.4% 和 90.6%[1]。近年来，小麦、玉米自给率均有一定幅度的下降，既有需求方面的原因，与诸多原因导致的过度进口也有很大关系。2015 年前后推动"镰刀湾"地区玉米结构调整导致玉米产能下降过快，也是玉米自给率下降的重要原因。粮食自给率的下降，既有小麦、玉米自给率下降的拉动，更与大豆自给率仅有 14% 左右的拖累有关。

第二，我国农业劳动生产率、农业比较劳动生产率水平稳步提高，现代农业物质技术装备能力明显加强，国家对这些方面的政策支持也在不断改善。从农业劳动生产率来看，按 2015 年美元不变价格计算，2000 年我国农业劳动生产率为人均 0.14 万美元，2019 年增加到 0.56 万美元，年均递增 7.6%。按当年价格计算，2001 年我国农业固定资产形成总额为 254.76 亿元，2020 年增加

---

[1] 本书在计算自给率时，国内产量数据来自国家统计局，进出口量数据来自中国海关。本书数据凡未注明出处者，除特别说明外，均来自国家统计局或其《中国统计年鉴》《中国统计摘要》。

到 1651.78 亿元，年均递增 10.3%。

第三，我国推进农业优质化、安全化、绿色化、品牌化迈出坚实步伐，农业及其关联产业的国际竞争力和品牌影响力不断彰显。如五常大米、褚橙和云冠橙、潜江小龙虾、湖南凤凰腊肉、河北万全玉米、海南万宁菠萝、安化黑茶、六盘水猕猴桃等农产品品牌的美誉度不断提高，品牌溢价和对农民增收的促进能力迅速形成。有些涉农节庆活动在推介农产品的同时，自身的品牌影响力也在迅速提升。

第四，名优特新农产品向优势产区集中步伐明显加快，特色农产品竞争力和附加值加快形成，农业产业化、产业融合化、产业链一体化不断深化且相得益彰。如新疆内陆棉花产业带、桂滇粤甘蔗优势产业带、云南斗南花卉产业带、新疆库尔勒香梨产业带、宁夏枸杞产业带和一批现代农业示范园，甚至诸多特色农业小镇，成为农业专业化、规模化、特色化发展的旗舰和推进农业产业化、产业融合化、产业链一体化的领航者。

第五，涉农产业链分工协作不断深化，现代农业产业体系不断健全，网络联动、优势互补关系加快形成。近年来农业生产性服务业的发展尤其引人瞩目，家庭农场、农业合作社、农产品行业协会、农业产业联盟日益成为发展现代农业的龙头和引领农业发展方式转变的旗舰，中粮集团等跨国农业企业的影响力和竞争力也在不断提升。

第六，农业科技创新和产业创新日趋活跃，可持续发展能力不断增强；创新创业生态日益健全，可持续发展态势加快形成。

许多现代农业产业园、农村产业融合示范园、农业产业强镇、返乡入乡创业园、优势特色产业集群成为推进涉农创新创业生态建设的先行区和优势区。

2. 与世界农业强国的具体差距

就总体而言，我国农业强国建设仍处于起步阶段，与世界农业强国差距显著。

第一，我国人均GDP水平不及许多农业强国的1/3，经济社会发展水平难以形成对农业强国建设较强的支持能力。2019年，按现价计算的我国农业劳动生产率仅及美国的5.8%、法国的8.8%、澳大利亚的5.7%、日本的22.9%，与这些农业强国差距悬殊。要建成世界农业强国，我国在提高农业劳动生产率和农业比较劳动生产率水平方面，仍可谓任重道远。

第二，我国现代农业产业体系建设的状况与建设现代农业强国的要求仍然差距甚大，农业标准化、品牌化的发展仍然处于现代农业强国建设的起步阶段。农业装备制造业和农业生产性服务业是现代农业产业体系建设的两大战略性领域，也是当前我国农业产业体系建设面临的突出短板弱项。虽然近年来我国许多地方农业或农产品品牌正在加快形成，但仍很少有堪与新西兰"佳沛"奇异果媲美的全球农产品领导品牌。在推进农业标准化、品牌化建设中，区域之间、企业或合作社等产业组织之间各自为战，导致相互之间"打消耗战"甚至"劳民伤财"的现象屡见不鲜，影响农产品品牌建设的成效。

第三，培育具有较强国际竞争力、行业影响力和对农民就业增收带动能力的农业合作社、农产品行业组织和跨国农业企业，在总体上仍然处于起步阶段，与现有农业强国存在明显的层级差别。从许多农业强国的经验来看，农业强，农业产业组织必须强；农业合作社、农产品行业协会乃至跨国农业企业，是推进农业强国建设的中坚力量，也是赋能小农户、促进小农户与现代农业发展有机衔接的领头雁。近年来，我国农业组织创新虽然不断取得进展，但是农业合作社、农产品行业协会、跨国农业企业的发展水平仍然不高，竞争力和可持续发展能力亟待增强仍是突出问题，其对资源流动、要素配置的影响往往只是区域性的，很难对国际农产品市场形成较大影响力和话语权。

第四，近年来，我国农业创新驱动能力建设虽然日益引起重视，但与建设农业强国的要求仍然相去甚远，农业科技创新、产业创新能力仍是农业强国建设面临的突出问题。近年来，我国许多地方在推进特色农业和农村第一、二、三产业融合发展的过程中，低层次同质竞争严重，导致增产减收、产品滞销甚至产能过剩问题凸显，无效供给增加，从根本上反映了农业创新能力建设仍然任重道远。

上述问题之间，实际上是相互联系、相互影响、相互交织的。如农业创新能力不强，与农业合作社、农产品行业协会、跨国农业企业等现代产业组织发展水平亟待提高密切相关。许多现代产业组织往往是推进农业科技创新的先锋，也是促进农业标准化、品牌化发展和增强农业竞争力的旗舰。因此，就总体而言，当前在我国推进农业强国建设，仍是一项繁重艰巨的任务。到2035年基本实现农业农村现代化前，我国农业强国建设仍将处于"打基础、建框架"的阶段。要通过厚植农业强国建设的根基和发展优势，推进农业强国建设实现局部突破，丰富全面建设农业强国的底蕴，为推进农业强国建设的可持续发展，并到21世纪中叶全面建成农业强国提供强劲支撑。

二、强化战略思维

1. 强化系统思维，注意推进农业强国建设的系统性、整体性和协同性

要将推进农业强国建设融入全面建设现代化国家的行动中，将顺应发展阶段要求，突出农业强国建设的重点，与协同培育农业强国建设的底蕴有机结合起来；将在农业强国建设方面"下好先手棋，打好主动仗"，与培育有利于农业强国建设的社会文化创新生态结合起来；防止将农业强国建设简单化为若干指标考核，导致顾此失彼，影响农业强国建设的系统推进。习近平总书记在部署扎实推动共同富裕问题时强调，"农村共同富裕工作要抓紧，但不宜像脱贫攻坚那样提出统一的量化指标""像全面建成小康社会一样，全体人民共同富裕是一个总体概念，是对全社会而言的，不要分成城市一块、农村一块，或者东部、中部、西部地区各一

块，各提各的指标，要从全局上来看"[1]。这种论述对我国推进农业强国建设也是富有启发的。此外，要看到，企图脱离国情农情和发展阶段、发展要求，把各农业强国发展过程中的成功经验分离出来，再组合起来移植到我国，容易产生照猫画虎、东施效颦的后果。比如，在许多农业强国，农业合作社、涉农行业组织和农业跨国公司对现代农业发展的引领支撑作用强，这是许多农业强国的典型事实性特征。但也要看到，这些农业强国能够形成这种典型事实性特征，是相关国家几十年甚至上百年谋时而动、顺势而为的结果，不是短期内可以立竿见影实现的，有些方面甚至存在"无心插柳柳成荫"的情况。

强化系统思维，还要注意将推进农业强与国家强有机结合起来。从各农业强国的共同特征、农业强国建设的历史经验和普遍规律来看，这些农业强国之所以农业劳动生产率高，农业优质化、安全化、绿色化、品牌化水平高，农业科技创新和产业创新水平也比较高，一个重要原因是农业劳动力素质高，这与其长期注重加强农民教育培训密切相关。但通过城市和非农产业发展，通过鼓励城市产业向适宜的农村地区转移，为农业转移劳动力提供了大量就业增收机会；通过鼓励城市人口转行经营农业，鼓励青年农民扩大农业经营规模，以及具备条件的老年农民提前退休等，促进了农业劳动力素质的提升，也是重要原因。

---

[1] 习近平：《习近平谈治国理政（第四卷）》，外文出版社 2022 年版，第 146 页。

2. 强化结构思维，科学区分影响农业农村发展的总量性矛盾和结构性矛盾

随着城乡居民收入和消费水平的提高，消费需求加速分化，日益呈现个性化、多样化趋势。与此同时，建设高标准市场体系、发展更高水平的开放型经济，特别是与此相关的国际竞争国内化、国内竞争国际化的发展，要求农业发展进一步重视发挥比较优势，培育竞争优势。此外，未来我国人口总量增长明显放缓，很可能在"十五五"期间见顶趋降；人口老龄化提速，2021年末我国65岁以上人口占总人口比重已经超过14%，进入中度老龄化阶段。综合考虑这些因素，虽然在推进农业强国建设的过程中，需要继续重视影响农业发展的总量性矛盾，但是更应看到总量性矛盾对我国农业发展的影响正在出现趋势性减弱，结构性矛盾对我国农业发展的影响正在明显增强。

以保障粮食安全为例，顺应我国居民粮食消费由"吃得饱"向"吃得好""吃得营养健康"的转变，应该坚定不移地推进粮食供给的优质化、多样化、品牌化、营养化、安全化，农业支持保护政策的调整应该注意完善相关支持机制。要看到，我国口粮消费在总体上已经呈现稳中趋降态势，中长期我国粮食需求的增长将呈现以饲料粮需求增长为主、工业用粮需求增长为辅的格局。鉴于当前我国谷物库存充足，尤其是稻谷、小麦出现了阶段性严重过剩，在此背景下，筑牢粮食安全防线，要在夯实口粮安全底线的前提下，警惕部分地区在口粮供给保障上用力过猛，导致饲料粮尤其是非粮作物短缺问题加重，成为推动局部地区农产品过度进口和种粮农民收益下降的重要原因[①]。当前我国稻谷、小麦严重过剩,超储积压问题严重,在稳定稻谷、小麦产能的前提下,谨慎有序地调减低质低效地区、地下水超采区、寒地井灌稻谷、土壤重污染区的稻谷和小麦种植,同时推动部分超期储备的稻谷、小麦饲用转化,具有重要意义。要结合统筹推进山水林田湖草沙系统治理和深化陆海统筹,拓展我国解决粮食安全问题的选择空间,推进粮食安全观由"小口粮观"向"大食物观"的转变。2022年中央一号文件要求"大力实施大豆和油料产能提升工程"。按照统筹推进山水林田湖草沙系统治理和深化陆海统筹的思路,也有利于拓展实施大豆和油料产能提升工程的选择空间,更好地提升居民健康营养膳食水平,更好满足今后养殖业的饲料消费扩张对蛋白质的需求。

3. 强化融合思维,推进农业农村融合发展和城乡发展融合

在后发国家推进农业现代化,更需要重视农业现代化和农村现代化融合发展。要高度重视后发国家的这种特殊性,坚持农业现代化和农村现代化一体设计、一并推进。要坚持新型城镇化和乡村振兴"双轮驱动"方针,将增强农业对国内重要农产品的供给保障能力和培育农业创新力、国际竞争力、可持续发展能力,同激发乡村多重功能价值、激发农村人气活力、推动农村现代化结合起来。要注意跳出农业抓农业,注意培育现代农业与现代服

---

① 姜长云、李俊茹、王一杰:《怎样看待当前的粮食安全风险》,《山西农业大学学报》(社会科学版)2022年第5期。

务业、先进制造业融合发展能力,为推进质量兴农、绿色兴农、标准引领、品牌强农、服务强农提供雄厚底蕴,为促进涉农产业链、创新链深度融合,为推动涉农产业组织多元化、网络化发展提供强劲支撑。要注意打造都市圈一体化的涉农产业链供应链,营造从区域核心城市到梯级节点城市再到县城、中心镇、乡村的产业梯度发展格局。把县城作为推进城乡融合发展的重要枢纽和推动现代服务业同先进制造业、现代农业融合发展的战略平台,强化、创新引导农产品加工业和涉农服务业集聚集群集约发展的支持政策。

4. 强化历史思维,注意发展阶段转变带来的新要求新挑战

立足新发展阶段,坚持新发展理念,构建新发展格局,按照推动高质量发展、实现高品质生活的要求,应该更加重视推进质量兴农、绿色兴农、标准引领、品牌强农、服务强农联动发展,将推进涉农领域关键核心技术创新与培育有利于科技创新、产业创新的创新创业生态结合起来,引导涉农创新能力建设更好地走上战略引领、需求导向、实用为重的轨道,推进我国农业创新驱动能力建设更好地做到"顶天立地"。要鼓励家庭农场对促进小农户与现代农业发展有机衔接发挥示范带动作用。与此同时,进一步重视农业合作社、涉农行业协会对推进我国农业延伸产业链、打造供应链、提升价值链的关键作用,强化对农业合作社、涉农行业组织的支持政策,完善农业跨国公司等成长环境,引导期货市场等在完善农业宏观调控、带动农民增收中更好地发挥引领作

用。要科学把握发展阶段转变带来的新情况新问题,优化我国农业发展的政策设计。比如,当前我国人均粮食和谷物产量明显高于国际粮食安全标准线,粮食库存消费比也明显高于国际粮食安全警戒线。在此背景下,主要依据"当年粮食产量除以粮食产量与粮食净进口量之和"计算的粮食自给率指标,容易形成对我国粮食供求形势的误判,高估我国粮食不安全状况。近年来我国谷物自给率在95%左右甚至更高,粮食自给率的下降,与主要粮食品种国内外价差等因素导致的部分粮食品种过度进口,也有很大关系。我们通常所说的粮食产量、库存量、进口量"三量齐增",就在很大程度上体现了粮食过度进口问题。

5.强化发展的底线思维,通过强化农业风险管理确保农业强国战略行稳致远

统筹发展和安全,是世界农业强国建设的共同经验与普遍规律。今后在我国建设农业强国的长过程中,发展环境的不稳定性不确定性将会明显增加。因此,统筹发展和安全的重要性更加凸显。要强化发展的底线思维,甚至保持必要的极限思维,实现公平、效率和安全统筹兼顾,助推我国农业实现更高质量、更有效率、更加公平、更可持续、更为安全的发展,夯实我国农业强国建设的底蕴。要防止因为各种"黑天鹅""灰犀牛"事件,扰乱我国推进农业强国建设的节奏,甚至中断我国推进农业强国建设的进程。要创新农民收入补贴、农业保险补贴政策,并加大相关支持力度,加大对农村低收入人口的收入支持,帮助农民增强应对

发展环境不利变化的能力。借鉴农业强国加强涉农调查和信息搜集工作，特别是利用新一代信息技术，完善农产品宏观调控和农业风险管理的经验，增强我国农业、农村、农民对风险的防控和应对能力。这也有利于我国农业发展和乡村振兴更好地坚守保障国家粮食安全和不发生规模性返贫两条底线。要加强对国内外农产品、农业关联产品市场调控经验教训的研究，更加重视国际粮食市场、能源市场、金融市场、农资市场价格波动的相关性和传导机制，注意把握影响农业及其关联产品市场变化的常态因素、转型因素和危机因素，结合采用区间调控、定向调控、相机调控等，提高宏观调控跨周期、逆周期调节能力。结合支持农业咨询服务业发展，引导家庭农场、农业合作社、涉农行业组织、涉农企业等现代农业产业组织，增强利用期货市场、现货市场和大数据等信息资源，应对市场供求和价格波动的能力。

三、找准现实发力点

1. 坚守底线、创新政策，确保粮食安全和重要农产品有效供给行稳致远

保障粮食和重要农产品有效供给，是建设农业强国的底线要求。保障"口粮绝对安全"又是保障粮食和重要农产品有效供给的底线。近年来，我国"坚持中国人的饭碗任何时候都要牢牢端在自己手中，饭碗主要装中国粮"，形成了健全的粮食安全政策体

系。要按照"谷物基本自给、口粮绝对安全"的要求,切实贯彻"藏粮于地,藏粮于技"方针,积极"实施以我为主、立足国内、确保产能、适度进口、科技支撑"的国家粮食安全战略,牢牢把握我国粮食安全的主动权。要抓好种子和耕地两个关键,将打好种业翻身仗与守住18亿亩耕地红线、切实加强高标准农田建设等结合起来。结合创新完善农业补贴政策,有效落实"辅之以利、辅之以义"思路,完善相关保障机制,持续激发粮食主产区地方政府重农抓粮、种粮农民务农种粮积极性。推动具备条件的地区扎实实施大豆和油料产能提升工程。要顺应粮食消费结构升级趋势,夯实我国粮食数量安全保障能力。与此同时,更加关注粮食保多样、保质量能力。在重视粮食保面积、保产量的同时,更加重视粮食保产能、保有效供给能力。要加强粮食和重要农产品物流通道畅通保障机制建设,将加强粮食综合生产能力建设与加强粮食流通能力建设、优化储备粮布局结合起来,鼓励运用期货市场、平台经济和大数据等资源,助力优化粮食和重要农产品市场调控。要深化农业供给侧结构性改革,统筹加强粮食和重要农产品供给能力建设,引导粮食和农业产业链优化资源配置,提高效率效益、市场竞争力和可持续发展能力。鼓励粮食和农产品节约消费,引导粮食和农业产业链减损降耗。

2. 立足国情农情,推动农业支持保护政策转型升级和农业农村改革

在加大农业支持保护力度的同时,引导农业支持保护政策进

一步聚焦增强农业创新力、国际竞争力和可持续发展能力，聚焦支持农业绿色发展和环境友好型发展，培育农业多功能性，推进农业"黄箱"政策向"绿箱"政策转型。要注意通过农业收入补贴和农业保险来稳定农民收入，防止因农产品价格波动或重大自然灾害导致农民收入断崖式下跌。要将鼓励加强农业基础设施建设，与引导农业农村基础设施建设优化布局结合起来。鉴于近年来由工商资本主导的土地流转，是推动土地价格快速上升的重要原因，容易推高农业生产成本和土地流转"弃粮化"倾向，农业支持保护政策的调整，要在继续支持新型农业经营主体成长，鼓励发展土地流转型适度规模经营的同时，将支持土地流转型规模经营的重点，放在农户之间的土地流转上，并更加重视支持服务带动型规模经营，加强对新型农业服务主体和发展农业生产托管服务的补贴支持。鼓励通过服务消费券等方式，创新支持新型农业服务主体的路径。借鉴美国实施食品和营养计划的经验，鼓励农业支持保护政策，从支持农业生产向支持农产品消费适度拓展。根据余欣荣、杜志雄（2021）的资料，食品和营养计划作为美国农业财政预算支出中规模最大的项目，往往被认为是美国农业政策的核心[1]。如20世纪60年代美国提出的食品券计划，不仅有利于贫困群体和低收入家庭，也有利于农产品销售[2]。1985年美国出台的《粮食安全法》，将确保消费者以合理价格买得到充足的食品和纤维作为法定的政策目标，成为农业支

---

[1] 余欣荣、杜志雄：《当代世界农业》，中国农业出版社2021年版，第286页。
[2] ［美］詹姆斯·L.诺瓦克、詹姆斯·W.皮斯、拉里·D.桑德斯：《美国农业政策历史变迁与经济分析》，王宇等译，商务印书馆2021年版，第X、Ⅵ、121页。

持保护政策的重要落脚点。

3. 以支持家庭农场、农业合作社、涉农行业组织发展为重点，实施农业乡村产业振兴"头雁计划"和涉农产业组织创新联动提升工程

推进有效市场、有为政府有效结合，培育以国内大循环为主体，国内大循环和国际大循环相互促进的新发展格局，可以为增强农业创新力、国际竞争力和可持续发展能力，提供良好的体制机制和政策环境。要按照建设高标准市场体系、建设更高水平开放型经济要求，深化体制机制改革和政策创新，推进全国统一大市场建设在农业农村领域有效落地，引导涉农产业链供应链完善产权制度和要素市场化配置，按照强化竞争政策基础地位要求，推进农业政策转型和涉农产业链供应链转型升级。在坚持农户家庭经营基础地位的前提下，推进涉农产业组织创新，对促进小农户与现代农业发展有机衔接和建设农业强国，都是至关重要的。农业强国建设的国际经验已经清楚地显示了这一点。

市场经济是企业家本位的经济，提高农业创新力、竞争力和可持续发展能力，关键是要提高涉农企业家的创新力、竞争力和可持续发展能力。农业合作社等涉农产业组织的带头人，也可视作涉农企业家。因此，要结合加强现代农业产业体系、生产体系、经营体系建设，实施农业和乡村产业振兴"头雁计划"，加大对涉农企业家成长工程的支持力度，鼓励拓展培训方式、创新培训路径，引导新型农业经营主体、新型农业服务主体和农产品行业协

会、涉农企业带头人，在推进农业农村现代化、加快农业发展方式转变中发挥引领带动作用，促进农村第一、二、三产业融合发展和城乡融合发展，增强对"两种资源、两个市场"的统筹利用能力。要在加强调研的基础上，科学把握家庭农场、农业合作社、涉农行业组织、涉农企业、涉农平台型经济转型升级的政策需求和发展过程中面临的痛点、难点、兴奋点，积极推进相关政策创新，强化分类、精准施策，培育涉农组织创新层次有序、优势互补、网络联动格局，协同带动农业提升创新力、竞争力和可持续发展能力。重点支持家庭农场、农业合作社、涉农行业组织在重要农产品稳产保供、培育本土产业链供应链中发挥骨干带动作用。通过支持发展会展经济等方式，鼓励跨国农业企业、农产品行业协会等在带动农业增强国际竞争力、打造全球价值链中发挥引领作用。

4. 推动农业创新能力建设更好地体现战略引领、需求导向和实用为重方向，促进科技兴农、质量兴农、绿色兴农和标准引领、品牌强农、服务强农联动发展

要加大对农业科技创新和产业创新的支持，优先支持围绕种业、农机装备研发、智慧农业、农业重大灾害和病虫害防治等，加大对关键核心技术攻关和创新成果转化、产业化的支持。在总结推广先进经验的基础上，鼓励开展改革试验，探索完善基础研究—应用研究—开发研究转化机制，协调加强原始创新、集成创新和科技成果转化及产业化能力。鼓励培育用户导向的科技创新和成果转化机制。鼓励平台型企业在推进农业科技创新和产业创新中发挥引领带动作用。鼓励探索科技、标准、服务融合发展方式，促进质量兴农、绿色兴农和标准强农、品牌强农、服务强农联动发展，重点支持培育富有创新力、竞争力、可持续发展能力的优势产业集群、产业带、产业区。鼓励农业支持保护政策向带动小农户发展能力强的涉农产业组织和优势产业集群、产业带、产业区适度倾斜。优先支持开展质量兴农、绿色兴农和标准强农、品牌强农、服务强农试验示范区和公共服务平台建设。将提高供给体系质量，与培育需求引导机制，并鼓励优质、绿色、品牌农产品消费结合起来，探索推进农业支持保护政策由"支持保障供给"向"支持保障供给"兼顾"支持合理消费"转型。长期以来，欧盟农业支持保护政策转型的一个重要经验是，通过交叉遵守制度、绿色直接支付和农村发展计划，形成欧盟农业绿色发展支持政策的框架。其中交叉遵守制度即农民为获得直接补贴，必须遵守食品安全、动植物卫生、气候、环境、水资源保护、耕地保护等系列规则，并通过交叉遵守标准和处罚机制确保实施[1]。在我国推进科技兴农、质量兴农、绿色兴农和标准引领、品牌强农、服务强农联动发展的过程中，这种方法值得借鉴。可结合加强试点试验，探索有效推广路径。

5.优化农村人口和劳动力结构，增强农业劳动力素质和农村包容发展能力

通过加强对农民培训，特别是农村初高中毕业生和青年农民

---

[1] 张亚辉、郝卫平：《欧盟农业》，中国农业出版社2021年版，第133—134页。

培训的支持，提高农村劳动力进城务工经商能力和在农业农村就业创业能力，为新型城镇化的推进提供合格的新型市民，为农业现代化和乡村振兴提供优质农村劳动力。鼓励创新培训方式，加强对政府购买公共培训服务的支持，鼓励依托行业协会、民营培训机构和职业教育资源等，优化培训效果，增强培训的针对性和有效性。20世纪90年代后，日本创立认定农业者制度，获得认定农业者资格者可以优先通过农业委员会等机构获得农地流转信息、租赁和购买农地，优先获得"经营所得稳定政策"补贴，并可获得"强化农业经营基础资金"中长期贷款和农协低息贷款。此举不仅有利于培育和选择现代农业经营人才，还有利于保护农地、提升农地使用效率和农民收入[1]。法国、德国等也曾通过资格认证和"绿色证书"等制度，强化对农民经营农场的素质要求。我国在支持家庭农场、农业合作社发展的过程中，可借鉴这些经验，引导督促新型农业经营主体带头人提升素质，激励城市人才、大中专毕业生参与兴办家庭农场和农业合作社、涉农行业组织。在一些农业劳动力转移就业机会多的地方，也可借鉴国际经验，探索鼓励老年农民退出农业的方式。此外，通过推进巩固拓展脱贫攻坚成果和乡村振兴有效衔接，加强农村社会保障体系建设等，增强农村包容发展能力，也是重要的。

---

[1] 曹斌：《日本农业》，中国农业出版社2021年版，第151页。

第四章

面向中国式农业农村现代化

　　农业强国不仅实现了农业现代化,而且在实现农业现代化的国家中属于发展现代农业的佼佼者。发展中国家的农业现代化,往往呈现与农村现代化融合互动、耦合共生的特征。我国是发展中大国,在我国建设农业强国,首先要注意面向推进农业农村现代化的要求,将推进农业现代化与推进农村现代化结合进行。推进农业农村现代化,是建设农业强国的"基础课"。正像生活中的事情那样,只有集聚了推进农业农村现代化的实力,才有建设农业强国的主动权。习近平总书记在党的十九大报告中首次提出要"加快推进农业农村现代化"。此后,农业农村现代化问题日益受到社会重视。当前,我国全面建成小康社会取得伟大历史性成就,决战脱贫攻坚取得全面胜利,已经进入新发展阶段,正在乘势而上开启全面建设社会主义现代化国家新征程。我国"三农"工作也已进入全面推进乡村振兴、加快农业农村现代化的新阶段。2020年10月29日,在中共十九届五中全会第二次全体会议上的讲话中，习近平总书记强调要"坚定不移推进中国式现代化"[①]。2022年7月27日，习近平总书记在省部级主要领导干部"学习习近平总书记重要讲话精神，迎接党的二十大"专题研讨班上发表重要讲话，提出"我们推进的现代化，是中国共产党领导的社会主义现代化，必须坚持以中国式现代化推进中华民族伟大复兴"[②]。党的二十大进一步强调这个观点。那么，什么是中国式农业农村现代化？应该怎样看待中国式农业农村现代化？中国式农业农村现代化的目标任务何在？本章将就这些问题进行讨论。

一、农业农村现代化怎么看

长期以来，国内外现代化研究汗牛充栋，许多研究打下了所处时代、专业领域或特定国家（地区）的深刻烙印。这些研究往往相互补充、相互渗透、相辅相成，或者各有侧重和不同，也存在各自的局限，但对于我们廓清农业农村现代化的内涵、外延，多数研究具有启发意义和参考价值。综合来看，现代化即经济、政治、社会、文化、生态等全方位、各领域向当代世界先进水平全面迈进的过程，是从传统社会向现代社会的多层次、全方位转变过程，也是一个长期、动态的历史进步过程，往往需要经历影

[①] 习近平：《习近平谈治国理政（第四卷）》，外文出版社2022年版，第123页。
[②] 中国政府网，《习近平在省部级主要领导干部"学习习近平总书记重要讲话精神，迎接党的二十大"专题研讨班上发表重要讲话》，http://www.gov.cn/xinwen/2022-07/27/content_5703131.htm?jump=true

响深远的系统性、综合性变革。实现现代化，意味着普遍而非局部达到世界先进水平的状态。但世界先进水平往往是不断变化和发展着的，实现现代化的过程往往受到时代特征和特殊国情的深刻影响，中国要实现的现代化必须符合国情[①]。我们讨论农业农村现代化的内涵、外延时，这是需要注意的基本前提。

讨论农业农村现代化的内涵、外延，要结合概念提出的时代背景和具体环境，从概念形成演变的理论逻辑、实践逻辑、历史逻辑的结合中综合把握，注意统筹把握好农业农村现代化的一般性，与我国加快农业农村现代化的时代要求、中国特色之间的关系。正如习近平总书记在中共十九届五中全会第二次全体会议上的讲话中所指出的，"我们所推进的现代化，既有各国现代化的共同特征，更有基于国情的中国特色"[②]。

习近平总书记在党的十九大报告中提出"农业农村现代化"概念前，强调"农业农村农民问题是关系国计民生的根本性问题，必须始终把解决好'三农'问题作为全党工作重中之重"[③]。在2020年中央农村工作会议上，习近平总书记进一步强调，"民族要复兴，乡村必振兴""我们要坚持用大历史观来看待农业、农村、农民问题，只有深刻理解了'三农'问题，才能更好理解我们这个党、这个国家、这个民族"；并作出了"全面建设社会主义现代化国家，实现中华民族伟大复兴，最艰巨最繁重的任务依然在农村，最广泛

---

① 邓智平：《现代化十讲》，华中科技大学出版社2019年版。
② 习近平：《习近平谈治国理政（第四卷）》，外文出版社2022年版，第123页。
③ 中共中央党史和文献研究院：《习近平关于"三农"工作论述摘编》，中央文献出版社2019年版，第5页。

最深厚的基础依然在农村"等重大论断,并指出"在向第二个百年奋斗目标迈进的历史关口,在脱贫攻坚目标任务已经完成的形势下,在新冠肺炎疫情加剧世界动荡变革的特殊时刻,巩固拓展脱贫攻坚成果,全面推进乡村振兴,加快农业农村现代化,是需要全党高度重视的一个关系大局的重大问题"[①]。联系这一背景,我们认为,农业农村现代化首先应该是农业、农村、农民"三位一体"的现代化,应该从国民经济和社会发展的大系统中、从乡村振兴与新型城镇化的互动关系中,综合把握农业农村现代化的内涵和外延。何况,中国式农业农村现代化属于中国式现代化的子系统,二者在很大程度上相当于鱼和水的关系,农业农村现代化需要与城市现代化融合互动,与工业、服务业现代化耦合共生。从国际经验来看,推进农业农村现代化的过程,往往也是推进现代农业发展与现代服务业、先进制造业深度融合发展的过程。在国民经济统计中,农产品加工业、化肥或农药制造业均属于制造业。

参照邓智平(2019)对现代化的研究,从世界范围看,农业农村现代化表现为各国追赶、达到和保持世界发展前沿水平的行为和过程,相当于国家之间推进农业农村发展的马拉松赛[②]。实现农业农村现代化反映一国或地区农业农村发展达到世界农业农村发展的先进水平和领先状态。因此,农业农村现代化是一个过程概念,实现农业农村现代化则是一个水平概念或目标概念。据此,可以将一国(或地区)农业农村发展水平与世界先进水平、领先

---

① 习近平:《论"三农"工作》,中央文献出版社2022年版,第1—3页。
② 邓智平:《现代化十讲》,华中科技大学出版社2019年版,第1—13页。

状态进行比较，借此反映该国（或地区）农业农村现代化的发展水平或实现程度。比如农业劳动生产率达到世界上农业发达国家的什么水平，农业关联产业发展状况达到世界农业先进水平的什么程度，农村人居环境建设与世界农村发展的先进水平相比有多大差距，由此引申出对农业农村现代化发展水平进行评价的问题。但现代化水平评价主要反映各国现代化的实际进展和国际相对水平。因此，特定国家农业农村现代化的发展水平如何，不仅取决于本国农业农村发展的状况，还取决于农业农村发展的国际先进水平达到什么程度。农业农村发展国际先进水平的"潮涨潮落"，对特定国家农业农村现代化相对水平的影响往往很大。

当然，已经实现农业农村现代化的不同国家，由于地理区位、资源禀赋等国情农情的不同，农业农村现代化的发展虽然遵循共同的规律和发展趋势，但也有其自身特色和发展要求，不存在普遍适用、可以照搬照抄的"标准模式"。特别是千差万别的民族传统容易催生多样化的现代化模式，现代化模式往往是由新的现代性内容，即现代化条件下的时代内容和特定的民族传统内容有机结合而成的，二者缺一不可。新的现代性内容侧重于"本"，是现代社会最为基本的内容；特定的民族传统侧重于"用"，是现代社会重要的存在和发展形式，可以通贯过去、现在和未来，不能将其简单理解为过去化或未来化的东西。每个国家都是在自己特殊的历史文化传统基础上实现现代化的，不能把现代性与传统截然

第四章　面向中国式农业农村现代化

对立起来①。合理区分现代化条件下特定的时代内容和特定的民族传统，是深刻理解现代化模式的关键所在。不同现代化模式之间相互参照、竞争及合作，推动现代化建设形成可持续的推动力量②。

将上述判断延伸到农业农村现代化研究也是适用的。因此，对农业农村现代化内涵、外延的界定及农业农村现代化发展水平的评价，要能体现"本"和"用"的结合，即现代化条件下农业农村发展的时代内容和特定民族传统的有机结合。研究中国的农业农村现代化，必须在尊重农业农村现代化共同规律和世界趋势的同时，重视农业农村现代化的中国特色，关注特定国情下区位地理条件、人地关系等资源禀赋、土地制度、农地社会保障功能等对农业农村现代化的影响。

此外，与现代化先发型国家相比，现代化后发型的发展中国家，尤其是当前正处于农业农村现代化推进过程中的国家，农业农村现代化的发展呈现不同模式，往往有其必然性。特别是在像我国这样的现代化后发型国家，农业农村现代化难以像现代化先发型国家那样呈现"自然演化"和阶段渐进特征，往往更多呈现多阶段并进"叠加"特点和追赶型现代化的典型特征，甚至在许多方面被迫将现代化先发型国家农业农村现代化的阶段继起过程，转换为现代化后发型国家农业农村现代化的空间并存或过程叠加状态。因此，现代化后发型的发展中国家，推进农业农村现代化过程，往往更多地带有产业融合，经济、社会、文化、生态融合，

---

① 邓智平：《现代化十讲》，华中科技大学出版社2019年版，第177—178页。
② 吴忠民：《中国现代化论》，商务印书馆2019年版，第18—22页。

或工业化、信息化、城镇化、农业现代化融合发展的特征；更多地需要农业现代化与农村现代化耦合共生、融合互补、协调互动，坚持农业现代化和农村现代化一体设计、一并推进至关重要。正所谓农业现代化和农村现代化"同舟共济扬帆起，乘风破浪万里航"。

与发达国家或先发型现代化国家相比，在像我国这样的现代化后发型国家推进农业农村现代化的过程中，既有一些"先发优势"，如有现代化先发型国家推进现代化的经验教训可供借鉴，有大量外部资金和先进科技、管理模式可供利用等；又有若干"后发劣势"，如外部竞争压力较大，发展环境不稳定不确定性增加，培育内生发展能力的难度和紧迫感增强等。因此，大多数现代化后发型国家推进现代化的过程，往往更多地依靠大规模强有力的国家动员和一揽子解决问题方式[①]。加之，现代化后发型国家的农业农村现代化过程，往往有更多先行模式可供借鉴，更加容易呈现多样化特征，甚至还会因为现代化推进过程的阶段并存和追赶型特征，容易增加农业农村现代化推进路径和政策措施的摇摆性、反复性。

综上所述，农业农村现代化是一个动态演进的历史进步过程，相对于特定时点、特定国家（或地区），农业农村现代化的具体内容、推进重点、推进方式和目标要求也会有所不同。作为一个世界比较、国际比较概念，农业农村现代化概念和对农业农村现代

[①] 吴忠民：《中国现代化论》，商务印书馆2019年版，第18—22页。

化发展水平的评价，要能主要揭示世界农业农村现代化的共同趋势和本质特征，体现国际农业农村发展先进水平的标杆作用；也要适度兼容不同国家特定民族传统、资源禀赋和现代化类型特征，特别是国情农情差异及其对农业农村发展现实"表征"的影响，体现自身特色和竞争优势，避免出现对先行模式、发达国家"东施效颦"的问题。

二、植根固本守魂

农业农村现代化是从传统农业农村，向达到世界先进水平的现代农业农村的全面转变过程；是结合时代要求，推进农业农村现代化本质特征、共同趋势同国情农情、资源禀赋有机结合的过程。当前，我国已开启全面建设社会主义现代化国家新征程。在此背景下推进中国式农业农村现代化，应该是具有鲜明中国特色和时代特征的农业农村现代化，关键是要立足新发展阶段、坚持新发展理念，按照构建新发展格局的要求，锚定全面建设社会主义现代化国家的战略需求，统筹激发农业农村的生产、生活、生态、文化、安全等多重功能，统筹推动农业农村高质量发展、乡村居民高品质生活、"三农"高水平安全[1]达到世界先进水平。要

---

[1] 2020年12月11日习近平总书记在中央政治局第二十六次集体学习时强调，要坚持系统思维构建大安全格局，并就贯彻总体国家安全观提出十点要求，其中第四点要求是"坚持统筹发展和安全，坚持发展和安全并重，实现高质量发展和高水平安全的良性互动"。参见习近平：《习近平谈治国理政（第四卷）》，外文出版社2022年版，第390页。

结合构建工农互促、城乡互补、协调发展、共同繁荣的新型工农城乡关系，聚力促进农业高质高效、乡村宜居宜业、农民富裕富足、城乡融合融通，跨越式提升农业农村核心竞争力和农村居民获得感、幸福感、安全感，并努力推动其达到世界先进水平。简单地说，可将农业农村现代化的内涵简称为"一锚两统四促一跨"。

与此同时，农业农村现代化作为一种目标状态，是农业农村经济、政治、文化、社会、生态文明普遍发展、互动提升，并达到世界先进水平的一种结果。中国式农业农村现代化，其目标是打造保供增效的实力农业、近悦远来的魅力乡村、富裕进取的文明农民、"同舟共济"的城乡关系，推动农业农村要素流动活起来、微观主体内生动力强起来、公平文明和谐包容秩序建起来，可简称为"五位一体四培育三起来"。

"我们推动经济社会发展，归根结底是要实现全体人民共同富裕"[1]。因此，在推进中国式农业农村现代化的过程中，不仅要注意培育"三农"发展的"社会稳定器""发展助推器"作用，还要牢记"三农"发展本身也是经济社会发展不可或缺的重要内容，将提高农村居民生活品质、促进农民群众共同富裕、增强农民共建共治共享能力，作为推进农业农村现代化的出发点、落脚点和压舱石，不断提高农村居民获得感、幸福感、安全感。

中国式农业农村现代化，作为农业现代化和农村现代化耦合

---

[1] 习近平：《习近平谈治国理政（第四卷）》，外文出版社2022年版，第116页。

共生、融合互补、协调互动的现代化，也是农业作为产业现代化和农村作为区域现代化的结合体。农业现代化是农业农村现代化之"根"，农村居民生活品质的现代化是农业农村现代化之"本"，农民现代化是农村现代化之"魂"。在推进农业农村现代化的过程中，要科学处理好"根""本""魂"之间的关系，协同做好推动农业提质增效、增进农村民生福祉、增强农民内生发展和可持续发展能力的文章，防止农业农村现代化缺"根"失"本"丢"魂"。推进农业农村现代化只能加强农业现代化，不宜淡化或偏离农业现代化。可将农业现代化视作农村繁荣的关键因素，推进农业现代化与农村现代化融合发展。在推进农业农村现代化的过程中，要注意调动一切积极因素参与和支持农业农村现代化进程，也要注意充分尊重农民意愿、切实发挥农民主体作用、维护农民群众根本利益，防止城市资本和外来力量"鸠占鹊巢"，搞取消农业、替代农民，甚至"帮农民做主"、侵犯农民权益。

三、中国式农业农村现代化的二维观察

讨论农业农村现代化，要注意厘清农业农村现代化长期趋势与时代特征、短期扰动的关系，注意"透过现象看本质"，通过"过滤"短期行为，更多关注长期趋势和时代特征对中国农业农村现代化的影响。具体到当前，在研究农业农村现代化的内涵、外延时，要注意体现对进入新发展阶段、开启全面建设社会主义现

代化国家新征程这一时代特征的"兼容性"。农业农村现代化的外延，可从两个维度来理解：第一个维度是农业现代化、农村现代化、农民现代化"三化融动"；第二个维度是推动农业农村高质量发展、高品质生活、高水平安全良性互动，并达到世界先进水平。

1.维度Ⅰ：农业现代化、农村现代化、农民现代化"三化融动"

（1）农业现代化。农业现代化是从传统农业向具有世界先进水平的现代农业的转变过程，是用现代物质条件装备农业，用现代科学技术赋能农业，用现代产业体系提升农业，用现代经营形式改造农业，用现代发展理念引领农业，用培育新型农民支撑农业，提高土地产出率、资源利用率和农业劳动生产率，提高农业质量效益和竞争力的过程。推进农业现代化，既要注重推进农业标准化、专业化、集约化、科技化、水利化、机械化和数字化融合互动，又要重视促进农业市场化、产业化、社会化、融合化、绿色化、服务化转型耦合共生，增强农业可持续发展能力。

农业现代化是农业作为产业现代化的一般性和农业特殊性的有机结合，既要体现产业现代化本质特征的影响，又要考虑农业作为产业的特殊性对农业现代化的作用。换句话说，作为产业现代化的本质特征，农业现代化必须建立在提升农业质量、效益和核心竞争力的基础之上。举凡提升农业产业链供应链现代化水平、加快农业组织制度创新、推进农业发展方式转变等措施，都是推进农业现代化所要求的。但是，在推进农业现代化的过程中，又必须考虑农业特殊性的影响，注意农业现代化与工业或服务业现代化的本质差异。这种特殊性主要表现为农业产业属性，特别是功能价值的特殊性。如保障粮食安全和棉、油、糖、肉、奶等重要农产品有效供给，是推进农业现代化过程中必须坚守的底线，也是提升农业质量效益和核心竞争力的前提。相对于工业或服务业现代化，在推进农业现代化的过程中，不仅要考虑农业的经济效益和比较优势，还要更多地考虑其社会效益、生态效益和文化传承价值。在2035年前乃至更长时期内，农村土地对农民仍具有重要的收入保障、社会保障甚至就业稳定功能。随着农业多功能性的拓展和凸显，在重视农业食品保障、原料供给功能的同时，重视农业发展的就业增收、生态保护、防洪减灾、观光休闲（景观美化）和文化传承功能日益具有重要意义，农业发展的资源环境和社会影响也日益需要引起重视。

现代社会本是高风险社会，面对世界百年未有之大变局，进入新发展阶段后国内外发展环境的不稳定不确定性明显增加。特别是遭遇国际金融危机、新冠肺炎疫情等重大突发公共危机事件的冲击时，农业可以在维护社会稳定、熨平社会风险方面发挥重要的"缓冲器""抗震垫"作用。对于相当一部分在城市或非农产业尚未实现稳定就业的农民来说，保留一块农地、一套农房，可以让其在城市"进可攻，退可守"，有利于稳定其家庭基本生活，便于其放心从事非农经营或就业。每逢重大突发公共安全事件发生时，农业仍可在相当程度上成为其应对风险和不确定性的回旋余地。随着农村人口和劳动力老龄化的推进，许多地方农业经营既是一种生产方式,也是一种生活方式;虽然这可能会对提高农业效率、效益产生一定的负面影响,但往往是为发挥农业多功能性必须付出的代价。推进农业现代化,必须重视提高农业的质量效益和核心竞争力,但又不能唯经济效益是图;甚至提高农业发展的质量效益和核心竞争力,也需要立足经济效益、超脱经济效益,较当前更多地关注社会效益和生态效益。在很大程度上可以说,许多农业政策既是产业政策,又是社会政策。当然,在推进农业现代化的过程中,如何把握农业政策作为产业政策和社会政策的时度效,也是需要高度重视的。比如,为提升日本农业的国际竞争力,日本农业政策的重心正在出现从社会政策向产业政策的偏移[①]。

(2)农村现代化。农村现代化是与城市现代化相对应的区域现代化概念。要结合推进农业现代化,加快农业发展方式转变,推进农村第一、二、三产业融合发展,培育产业融合带动城乡融合发展、促进农村现代化新格局的形成。要结合推进农村现代化,发展县域经济、丰富乡村经济业态,推动乡村服务业同乡村制造业、现代农业深度融合,统筹激发农业农村的生产功能,丰富农业农村的生活、生态、文化功能,实现农业农村功能价值的融合互动提升。

在讨论农村现代化问题时,需要特别注意:①农村现代化既包括"物"的现代化,也包括"人"的现代化,还包括乡村治理

---

① 平力群:《日本农业政策的转向:从社会政策到产业政策》,《现代日本经济》2018年第2期。

体系和治理能力的现代化①。甚至乡村社会的治理有效,是下一步实现农村现代化的关键所在②。②农村现代化应该是农村经济、政治、文化、社会、生态文明"五位一体"的现代化,而非单方面突破的现代化;要让农业、农村、农民和整个国家一道实现现代化③。要以大力实施乡村建设行动为抓手,将推进农村基础设施、人居环境和公共服务的现代化,同推进城乡人口和劳动力有序流动、加快提升农村人口和劳动力素质结合起来。③"要坚持农业现代化和农村现代化一体设计、一并推进",防止顾此失彼,影响农业农村现代化整体功能的提升。

（3）农民现代化。农民现代化是推进农业农村现代化的重要依托,更是推进农业农村现代化的核心目标,主要表现为乡村居民生活品质的现代化,以及顺应现代化要求提高乡村人口和劳动力素质,并在区域城乡间形成乡村人口和劳动力开放有序的流动格局。乡村居民生活品质的现代化,以有效激发农业乡村多重功能价值为依托,是农民现代化的综合表现。农民全面发展特别是农村人口和劳动力素质的全面提升,是实现农业农村现代化的基本要求。在区域城乡间,形成开放畅通有序的乡村人口、劳动力社会性流动格局,有利于拓展农民全面发展的路径,带动农村人口和劳动力素质的提升。推进农民现代化,要在提升乡村居民生

---

① 习近平:《论"三农"工作》,中央文献出版社2022年版,第277页。
② 陈锡文:《实施乡村振兴战略,推进农业农村现代化》,《中国农业大学学报》(社会科学版)2018年第1期。
③ 陈锡文:《实施乡村振兴战略,推进农业农村现代化》,《中国农业大学学报》(社会科学版)2018年第1期。

活品质的同时,通过以下两方面"双箭齐发",促进农村人口和劳动力素质全面提升,进而促进农民全面发展。一是加强农村人口、劳动力培训平台和服务能力建设,特别是鼓励农业农村发展"带头人"发挥引领带动作用;二是通过激发乡村多种功能价值,增强乡村对城市人口和人才的吸引力,借此疏通城市要素、人口、人才进入农业农村的通道。近年来,随着新型工业化、信息化、城镇化的深入推进,农村青壮年劳动力大量外流,叠加乡村人口和劳动力老龄化的深化明显快于城市,带动农村人口和劳动力素质提升难度迅速增加。顺应现代化要求,拓宽视野,创新体制机制,探索提高乡村人口和劳动力素质的路径,并在区域城乡间形成人口和劳动力开放有序的流动格局,有利于更好地发挥新型工业化、信息化、城镇化对提升乡村人口和劳动力素质的促进作用,全面提升乡村人口、劳动力参与发展能力和乡村劳动力就业质量,在农业农村更好地激活主体、激活要素、激活市场,夯实乡村振兴根基。

2. 维度Ⅱ:推动农业农村高质量发展、乡村居民高品质生活、"三农"高水平安全良性互动并达到世界先进水平

(1)农业农村高质量发展。农业农村高质量发展,应该是农业农村经济、政治、文化、社会、生态文明"五位一体"全过程、各领域的高质量发展。从宏观层面看,农业农村高质量发展应该是顺应人民日益增长的美好生活需要的发展,是坚持新发展理念的发展,也是体现质量、效益和核心竞争力的发展。从微观层

面看，农业农村高质量发展可通过微观主体的经济效益、外部性（生态效益和社会效益等）、成长性、风险防控和可持续发展能力等5个方面综合体现。

（2）乡村居民高品质生活。在全面建设社会主义现代化国家新征程中，"只有坚持以人民为中心的发展思想，坚持发展为了人民、发展依靠人民、发展成果由人民共享，才会有正确的发展观、现代化观"。这就要求永远把人民对美好生活的向往作为奋斗目标，把促进全体人民共同富裕摆在更加重要的位置，促进人的全面发展和社会全面进步，让广大人民群众获得感、幸福感、安全感更加充实、更有保障、更可持续。在推进农业农村现代化的过程中，要注意通过推进农业农村治理体系和治理能力现代化，促进农业农村经济高质量发展，大力实施乡村建设行动，大幅提升农业农村基础设施、公共服务能力和人居环境建设质量，缩小城乡差距，推动农村居民过上高品质生活，切实增进乡村民生福祉，努力促进农民全面发展、农村社会全面进步。

（3）"三农"高水平安全。安全是发展的重要前提，发展是安全的重要保障。新发展阶段是各种矛盾、风险的易发期和多发期，全面建设社会主义现代化国家必须坚持统筹发展和安全，增强机遇意识和风险意识，树立底线思维甚至保持必要的极限思维。推进农业农村现代化也应在发展中更多考虑安全因素，努力实现发展和安全的高水平动态平衡。近年来，我国农村人口和劳动力老龄化加快凸显，高龄、失能老人问题日趋严重；村庄空心化、农业副业化、耕地非粮化非农化和农地撂荒加重蔓延，导致粮食安全风险、农村养老风险迅速蓄积。当前脱贫攻坚战取得全面胜利，但仍有相当一部分脱贫地区、脱贫户脱贫基础尚不稳固，容易形成规模性返贫风险。在此方面，需要增强风险预见预判能力，把困难和风险估计得足一些，构建"三农"高水平安全保障机制，努力"下好先手棋、打好主动仗"。

进入新发展阶段后，全面推进乡村振兴、加快农业农村现代化的号角已经吹响，廓清农业农村现代化的内涵、外延已日趋紧迫。这对于准确把握农业农村现代化的目标任务和发展方向，科学选择农业农村现代化的推进路径、评价指标体系和政策创新方向，甚至提升农业农村现代化"一体设计、一并推进"的质量，日益具有重要意义。

四、总体目标

1. 他人视角

部分专家讨论了"十四五"推进农业农村现代化的目标任务。鉴于实施乡村振兴战略的总目标是农业农村现代化，可将推进乡村振兴的目标任务简单等同于农业农村现代化的目标任务。有些学者围绕"十四五"乡村振兴的目标任务对此进行了研究。如魏后凯等（2020）将"十四五"时期乡村振兴的主要目标概括为粮食安全保障水平稳固提升、现代乡村产业体系基本形成、农民收入和生活水平大幅提高、城乡基本公共服务更加均等化、农村基础设施和人居环境全面改善、农村基层治理能力显著增强,并将有条件地区率先基本实现农业农村现代化作为一个重要要求[①]。高强、曾恒源(2020)认为"十四五"时期加快推进农业农村现代化必须突出抓好四方面的主要任务,即巩固拓展脱贫攻坚成果与乡村振兴有效衔接、进一步深化农业供给侧结构性改革、夯实社会主义现代化的乡村基础、推动形成新型工农城乡关系,并将"十四五"时期农业农村现代化的战略重点概括为促进农民持续增收、建设现代农业产业体系、强化科技创新支撑引领、大力实施乡村建设行动、加快推动城乡融合发展、统筹国际国内两个市场[②]。这相当于他们理解的"十四五"时期加快推进农业农村现代化的目标任务。袁赛等(2018)基于农业增效、农民增收、农村增绿三个维度来评价农业现代化发展水平,鉴于农民增收、农村增绿超出了农业现代化的范畴,可视作他们认为农业农村现代化的主要目标任务包括农业增效、农民增收和农村增绿[③]。

有些专家强调从"五位一体"角度来理解农业农村现代化的主要目标任务。金文成等(2021)认为,农业农村现代化既不是农业现代化的简单延伸,又不是农业现代化和农村现代化的简单相加,而是农业发展现代化、农村生态现代化、农村文化现代化、乡村治理现代化和农民生活现代化的有机统一,是"五位一体"

[①] 魏后凯、崔凯:《建设农业强国的中国道路:基本逻辑、进程研判与战略支撑》,《中国农村经济》2022年第1期。
[②] 高强、曾恒源:《"十四五"时期农业农村现代化的战略重点与政策取向》,《中州学刊》2020年第12期。
[③] 袁赛:《我国农业现代化发展水平评价研究——基于"农业增效、农民增收、农村增绿"三个维度》,《现代商贸工业》2018年第2期。

总体布局在农业农村的全面体现[①]。秦国伟、董玮（2021）认为，农村现代化是人民利用现代科学技术和先进治理理念，改善乡村生产、生活、生态环境，全面提高农村居民的物质和精神生活水平，并最终实现农村社会全面、协调、可持续发展的过程；新时代的农村现代化是涵盖农业、农村和农民的全面现代化，是乡村产业、生态、乡风、治理、生活全面发展的现代化，其内涵包括了经济、政治、文化、社会和生态文明五个维度，与国家现代化的富强、民主、文明、和谐、美丽五大特征一脉相承，是"五位一体"总体布局在农业农村领域的具体体现，也是乡村振兴战略的总目标[②]。从实际内容来看，秦国伟、董玮（2021）讨论的农村现代化，实际上就是农业农村现代化[③]。秦国伟、董玮（2021）还认为，中国农村现代化的发展体系应该是农村产业现代化、农村生态现代化、农村文化现代化、乡村治理现代化和农民生活现代化各方面系统构建的一个有机整体[④]。

还有一些专家强调尊重国情农情和中国特色来研究农业农村现代化的目标任务。如王亚华、侯涛（2021）认为，要立足基本国情农情推进我国农业农村现代化，加强生态环境保护，走生态

---

① 金文成、张灿强、王莉：《深刻认识农业农村现代化的科学内涵》，《中国农村科技》2021年第1期。
② 秦国伟、董玮：《农村现代化的内涵、演进与建构体系》，《中国发展观察》2021年第5期。
③ 秦国伟、董玮：《农村现代化的内涵、演进与建构体系》，《中国发展观察》2021年第5期。
④ 秦国伟、董玮：《农村现代化的内涵、演进与建构体系》，《中国发展观察》2021年第5期。

农业和绿色乡村发展道路；深化农业供给侧改革，走乡村产业振兴之路；拓宽农民增收渠道，走城乡共同富裕之路；继承和发扬农耕文明既有成果，走乡村文化复兴之路[①]。陆益龙（2018）认为，在新时代推进乡村振兴的过程中，加快推进农业农村现代化仍要选择走中国特色的农业农村现代化道路；这应该是以粮食安全为核心，以小农户发展为主体，具有多样性的自主发展道路[②]。

但就总体而言，当前关于农业农村现代化目标任务的研究仍然较少，且明显薄弱于关于农业现代化目标任务的研究。在研究农业农村现代化目标任务时，多数没有注意农业农村现代化目标任务的层次性，很少重视底线要求和目标任务的差别。从研究对象的性质来看，关于农业农村现代化目标任务的研究，在很大程度上属于智者见智仁者见仁的课题，亟待通过进一步深化研究和开展讨论争鸣，达到求同存异、深化认识。鉴于这一点，本章锚定2035年我国基本实现社会主义现代化的远景目标，将2035年我国基本实现农业农村现代化的目标任务分为三个层次，即总体目标、底线要求和主要任务。

2. 2035年中国式农业农村现代化的总体目标

到2035年，我国将结合基本实现新型工业化、信息化和城镇化，基本实现农业农村现代化，为建成现代化经济体系提供坚实

---

① 王亚华、侯涛：《立足国情农情推进农业农村现代化》，《中国党政干部论坛》2021年第1期。
② 陆益龙：《乡村振兴中的农业农村现代化问题》，《中国农业大学学报》（社会科学版）2018年第3期。

支撑。农业农村高质量发展、乡村居民高品质生活、"三农"高水平安全格局基本形成，构建工农互促、城乡互补、协调发展、共同繁荣的新型工农城乡关系取得系统性突破，农业高质高效、乡村宜居宜业、农民富裕富足、城乡融合融通达到中等发达国家平均水平。现代农业产业体系、生产体系、经营体系基本健全，农村第一、二、三产业深度融合格局稳定形成。农业和乡村产业高质量发展态势更加鲜明，乡村经济业态更加丰富，带动农民就地就近体面就业的作用进一步彰显。乡村建设行动扎实推进，农业乡村基础设施、公共服务和人居环境建设明显改善，城乡基础设施和公共服务差距明显缩小，城乡基本公共服务均等化基本实现。农业农村的生活、生态、文化功能得到有效彰显，社会稳定器作用更加突出。乡村绿色生产生活方式日益普遍，农村生态环境和文化建设实现根本性好转，生态为底、文化为魂、宜居宜业宜游的乡村发展格局基本形成。农民人均可支配收入较2020年翻一番，城乡居民收入和消费水平差距明显缩小，农民收入中位数增速接近或超过农民人均可支配收入增速。农民生活更加美好，生活质量大幅提高。乡村治理体系和治理能力现代化基本实现，农民科技文化素质、乡风文明程度和农村社会的稳定程度明显跃升，农村居民平等参与、平等发展权利得到有效保障，平安乡村、法治乡村、健康乡村、数字乡村、美丽乡村建设达到中等发达国家平均水平，农民全面发展、实现共同富裕取得明显的实质性进展，农村居民获得感、幸福感、安全感大幅提升。

结合学习《中华人民共和国国民经济和社会发展第十四个五

年规划和2035年远景目标纲要》，可以较好理解此处关于总体目标的分析，只是有三点需要稍加解释。第一，将农业农村高质量发展、乡村居民高品质生活、"三农"高水平安全格局基本形成放在一起，作为总体目标的重要内容。因为，农业农村高质量发展，应该是农业农村经济、政治、文化、社会、生态文明"五位一体"的高质量发展。坚持以人民为中心的发展思想，坚持农民在推进乡村振兴中的主体地位，要求将形成乡村居民高品质生活格局作为推进农业农村现代化的出发点、落脚点，致力于提升乡村居民获得感、幸福感、安全感。农业农村高质量发展、乡村居民高品质生活这两个方面比较容易理解，但为什么要把"三农"高水平安全与此放到一起呢？2020年习近平总书记在中央政治局第二十六次集体学习时就贯彻总体国家安全观提出要求时强调，"坚持统筹发展和安全，坚持发展和安全并重，实现高质量发展和高水平安全的良性互动"[1]。因此，我们认为，贯彻国家总体安全观要求，要将形成"'三农'高水平安全格局"作为到2035年基本实现农业农村现代化的目标内容，并将其与"农业农村高质量发展、乡村居民高品质生活"结合起来。第二，提出"生态为底、文化为魂、宜居宜业宜游的乡村发展格局基本形成"，较之于以往，更加重视推进生态文明建设和乡村文化繁荣兴盛对加快推进农业农村现代化的重要性。第三，将"农民收入中位数增速接近或超过农民人均可支配收入增速"作为目标内容，这主要是因为从国际经

---

[1] 习近平：《习近平谈治国理政（第四卷）》，外文出版社2022年版，第390页。

验来看，平均数容易出现掩盖大多数的问题。随着经济发展水平提高，收入分配不平等程度容易扩大，导致中位数收入者和平均数收入者之间差异拉大，从而导致平均收入更加远离居民实际生活经历[1]，据此难以准确把握大多数居民收入增长和生活改善状况。因而中位数相对于平均数，更能反映在实现共同富裕方面的进展。

五、底线要求

1. 底线要求 I：确保粮食安全和重要农产品有效供给

所谓有效供给，即与消费需求和消费能力相适应的供给。作为一个拥有 14 亿人口的大国，保障粮食安全始终是我国治国理政的头等大事。从国内外经验看，随着城乡居民收入和消费水平的提高，居民消费结构多元化不断深化，对保障棉、油、糖、肉、蛋、奶等重要农产品供给的重要性也会迅速凸显。在一定程度上甚至可以说，粮食单产水平、资源利用效率的提高和粮食产业链供应链损耗的降低，有利于棉、油、糖、肉、蛋、奶供给能力的增强，因为前者有利于拿出更多的耕地或资源用于支撑棉、油、糖、肉、蛋、奶生产。因此，确保粮食安全和重要农产品有效供给，应该是推进农业农村现代化过程中必须坚守的底线。习近平总书记反复强调，"粮食问题不能只从经济上看，必须从政治上看，保障国

---

[1] 〔美〕约瑟夫·E.斯蒂格利茨、〔印度〕阿玛蒂亚·森、〔法〕让-保罗·菲图西：《对我们生活的误测：为什么 GDP 增长不等于社会进步》，阮江平、王海昉译，新华出版社 2011 年版，第 11—89 页。

家粮食安全是实现经济发展、社会稳定、国家安全的重要基础"[1]。在 2020 年中央农村工作会议上，习近平总书记又强调，"粮食多一点少一点是战术问题，粮食安全是战略问题""地方各级党委和政府要扛起粮食安全的政治责任""不能把粮食当成一般商品，光算经济账、不算政治账，光算眼前账、不算长远账"；要"牢牢把住粮食安全主动权""主产区、主销区、产销平衡区都有责任保面积、保产量，饭碗要一起端、责任要一起扛。此乃国之大者！粮食安全要实行党政同责"[2]。我们认为，全面推进乡村振兴，加快农业农村现代化，更要注意强化粮食和重要农产品供给保障，要用保障粮食安全和重要农产品有效供给的确定性，有效应对未来外部发展环境的不确定性。

需要说明的是，将确保粮食安全和重要农产品有效供给作为一条底线而非主要任务，并非轻视确保粮食安全的重要性，而是更加重视粮食安全对推进农业农村现代化高质量发展的重要性，更加强调统筹发展和安全。况且，确保粮食安全，并非意味着粮食产量多多益善；通过增强粮食综合生产和流通能力确保粮食安全，比片面追求粮食增产更加有效可行，也更加有利于推进农业农村经济高质量发展。在重视粮食安全的同时，也要防止片面追求粮食增产、盲目扩大粮食面积，挤占棉、油、糖等非粮重要农产品生产空间，影响重要农产品有效供给和农业结构多元化的推

---

[1] 中共中央党史和文献研究院：《习近平关于"三农"工作论述摘编》，中央文献出版社 2019 年版，第 73 页。
[2] 习近平：《习近平谈治国理政（第四卷）》，外文出版社 2022 年版，第 395、397 页。

进，甚至影响农业质量、效益、竞争力的提高。在绷紧粮食安全这根弦、夯实粮食安全战略储备，并牢牢把握粮食安全主动权的前提下，坚守粮食安全底线关键是落实"藏粮于地、藏粮于技"战略，有效激发种粮农民和地方政府重粮抓粮积极性。为此，不仅要注意打好种业翻身仗，坚守18亿亩耕地红线，加强高标准农田建设，还要注意完善农业支持保护制度，加强粮食和重要农产品市场调控及流通能力建设，增强粮食和重要农产品产业链供应链抗风险能力。

2. 底线要求Ⅱ：坚决守住巩固脱贫攻坚成果决不能出问题的底线

当前，我国全面建成小康社会取得伟大历史性成就，脱贫攻坚战取得全面胜利，区域性整体贫困得到解决，完成了消除绝对贫困的艰巨任务。"三农"工作重心正在逐步实现由集中资源支持脱贫攻坚向全面推进乡村振兴的历史性转移。但是，摆脱贫困也有"创业易，守成难"的问题。相当一部分脱贫户、脱贫地区的脱贫基础仍不稳固，稍有风吹草动仍有可能重新返贫致贫。未来发展环境的不稳定不确定性加大，部分地区政府工作力度的放松和工作重点的转移，都会加大出现脱贫户、脱贫地区的返贫风险。部分脱贫地区乡村产业内生发展意愿和自主稳定发展能力不足，产业规模仍在加快扩张，但产业同质竞争和质量效益下降的问题已经凸显，产业发展风险不断集聚，甚至存在因资金链断裂、营销渠道不畅、供求对接和市场拓展难度加大出现"爆雷"的可能性。近年来，部分地区通过易地扶贫搬迁，有效解决了"搬下来"的问题，但能否"稳得住、能致富"仍然不可大意。部分脱贫地区发展水平低、抗风险能力弱，农民文化素质和自我发展能力差，加之自然条件恶劣、基础设施和公共服务短板突出、社会发展滞后、人才支撑力和对外部人才吸引力弱，容易形成区域性、规模性返贫风险。这些情况到2035年前都是存在的。因此，要实现"十四五"规划关于到2035年"全体人民共同富裕取得更为明显的实质性进展"等目标，必须牢牢守住巩固脱贫攻坚成果决不能出问题的底线。具体来说，即坚守防止发生规模性返贫现象的底线，确保农村脱贫人口收入达标并全部实现"两不愁三保障"[①]。

六、主要任务

1. 稳慎优化农业农村/城乡国土空间开发关系，夯实农业农村现代化骨架支撑

考虑推进农业农村现代化的主要任务，基于对城乡人口特别是乡村人口发展趋势的科学研判，完善农业农村发展的空间组织形式至关重要。这直接关系到农业农村现代化其他主要任务能否高质量落实落地。近年来，我国人口总量增长已明显放缓，很可

---

① 近年来，国家制定的脱贫标准是综合性的，可大致归结为"一达标两不愁三保障"，当前我国农村贫困人口全部脱贫的重要标志也在于达到了这一标准。即按2011年不变价农民人均年收入达到2300元的标准，按照物价指数2019年相当于3218元；稳定实现脱贫群众不愁吃不愁穿，保障其义务教育、基本医疗和住房安全。

能在"十五五"时期甚至更早时期进入人口负增长阶段。2035年前后全国人口规模将会下降到甚至低于2019年的水平（14亿人口）。与此同时，我国65岁以上人口占总人口的比重，2021年末已经超过14%，2030年前后很可能超过20%。这就是说，我国已经进入中度老龄化阶段，2030年前后将会进入深度老龄化阶段。由于青壮年劳动力大量进城，近年来农村儿童随父母进城的比重也在明显增加，推动我国农村人口老龄化进展明显快于全国平均水平。在此背景下，从20世纪90年代中期开始，我国乡村人口减量化进程即已启动，带动县域城镇村发展环境、发展条件面临深刻调整[①]。未来乡村人口减量化、老龄化进程还将进一步提速。考虑未来农业农村发展的空间组织形式，必须重视我国人口特别是乡村人口总量和结构变化的这种趋势及其影响。继续沿用传统的增量型规划套路，来谋划2035年乃至更长时期的农业农村现代化，很可能因为人口总量和结构出现深刻变化，难以体现高质量发展要求，导致即期在基础设施、公共服务甚至人居环境建设方面的大量资源和要素投入，形成未来时期的大量闲置和浪费；部分地区甚至会因人口、经济和需求规模萎缩，导致现有基础设施、公共服务能力、人居环境的正常运转，因难以得到有效的需求支撑日趋艰难。

当前我国城乡之间基础设施和公共服务差距较大，成为城乡发展不平衡、乡村发展不充分的突出表现。但是，在城乡之间、

---

① 2019年我国已有北京、上海、天津三个直辖市和广东、江苏、浙江三个省乡村人口占总人口比重下降到30%或以下。

乡村内部农业农村发展的空间组织形式不合理，农业乡村空间开发格局与区域城镇化空间格局缺乏有效协同，城镇乡村之间、产业园区之间缺乏有效关联，加剧了乡村人口、经济、基础设施和公共服务布局的分散化，放大了乡村基础设施和公共服务的投入需求，也影响其规模经济、范围经济、聚集效应的形成，以及可持续发展能力的提升；甚至导致当前的基础设施和公共服务投入，容易形成大量战略性、长期性闲置浪费。因此，要面向推动城乡融合协调发展、畅通城乡经济社会循环的要求，把优化农业农村发展的空间组织形式、促进其与统筹城乡发展空间有效对接，作为推进农业农村现代化的第一项主要任务。

据此，在发挥规划引导作用前提下，顺应人口、经济布局的演变趋势和发展规律，统筹城乡生产、生活、生态空间，优化乡村发展布局，推动形成城乡相融相长、空间协同、分工协作、网络联动、和而不同的国土空间开发关系，助推形成以工促农、城乡互补、协调发展、共同繁荣的新型工农城乡关系，引导工业化城镇化与农业农村发展之间由之前弱合作、强竞争关系，更多转向既有竞争、更有合作的融合互动关系，甚至相亲相爱的"夫妻关系"。要注意将推进县域内城乡融合发展提质升级，同优化城市群、都市圈空间布局有效结合起来，夯实城市群、都市圈高质量发展的战略支撑。在此前提下，把县城作为城市群、都市圈发展的重要支点，以及强化"以工补农、以城带乡"的战略平台。通过强化县城综合服务能力，推动县城成为县域内城乡融合发展的"领头雁"；把乡镇建成服务农民的区域中心，推动乡镇特别是中心镇、特色小镇建成县域内工农互促、城乡互补的战略支点。通过统筹县域城镇和村庄规划，引导人口、经济、资源要素和公共服务向县城、中心镇、特色小城镇、中心村适度集聚，推动县乡村网络联动、协同发展，促进县域内城乡融合发展提质升级，并增强系统功能。

当然，优化乡村、城乡国土空间开发格局，应是一个长期、艰巨、复杂的系统工程。这一过程容易受到自然、经济、社会等多重因素的影响，需要把握战略的科学性、问题的复杂性，并对未来发展环境变化的不确定性提供较大的弹性容忍空间；还要注意尊重农民意愿和农民观念转变、素质提升的阶段性、动态性，将坚定决心、强化信心与保持战略耐心结合起来，科学谋划、从容推进，既尽力而为，又量力而行；久久为功，扎实推进，避免贪大求快追求速战速决导致战略失误。

2. 扎实推进农业现代化补短板、锻长板，提升农业质量效益核心竞争力

坚持创新在农业现代化建设中的核心地位，全面推进科教兴国战略、人才强国战略、创新驱动发展战略在农业发展中落地见效，全面推进农业创新体系转型升级和可持续发展，提高农业产业素质和创新驱动能力。按照构建新发展格局要求，深入推进农业供给侧结构性改革全面落地生根，积极发挥多种形式农业适度规模经营的引领作用，加快构建需求导向、提质导向、绿色导向的农业结构动态调整和柔性适应机制，推动粮经饲草统筹，推动

品种培优、品质提升、品牌打造和标准化生产[①]，不断提高农业土地生产率、资源利用率和劳动生产率。实施家庭农场培育计划和农民合作社提升行动，鼓励龙头企业、家庭农场、农民合作社协力推进现代农业产业链供应链建设，持续推进农业产业链供应链发展方式创新。鼓励各类经营主体投资兴办或联合兴办农业专业化社会化服务组织，增强服务强农、品牌强农能力。按照推进产业基础高级化、产业链现代化要求，推动构建现代农业产业体系、生产体系、经营体系，提升农业发展的科技引领、人才支撑、要素集聚能力和宏观调控水平，持续增强农业抗风险能力，全面提升农业质量、效益和核心竞争力，加快建设农业强国。

具体来说，要锚定到2035年基本实现农业现代化的需求，积极培育新型农业经营（服务）主体对小农户的引领带动作用，打造推进农业供给侧结构性改革、加快推进农业现代化的"排头兵"。健全农业专业化社会化服务体系，通过服务市场化、产业化、规模化、网络化，引领带动小农户参与农业现代化。把科技自立自强作为推进农业现代化的战略支撑，强化现代农业发展的种业、科技和物质装备支撑。鼓励行业协会、产业联盟、平台型企业发挥作用，打造提升农业产业链供应链现代化水平的"领头雁"。结合构建新发展格局，鼓励农产品本地化利用和地产地销，

[①] 从日本等国经验来看，随着收入水平的提高，消费者对农产品的关注呈现由主要关注价格，转向更多关注健康、消费安全和消费体验的趋势，甚至传统的饮食文化和农产品新鲜度也日益获得消费者的青睐。因此，农业政策调整应进一步重视结构性政策，强调为国民提供优质、安全和放心的农产品。见姜长云：《日本的"六次产业化"与我国推进农村一二三产业融合发展》，《农业经济与管理》2015年第3期。

大力推进农产品流通环节补短板、强弱项，优先支持农产品营销渠道、公益性市场和骨干流通网络建设，并将其同推动农业在更大范围、更宽领域、更深层次对外开放结合起来，促进农产品进口来源多元化，加快培育积极参与国际农业竞争的跨国农业集团。要强化农业农村优先发展的投入保障机制，强化农业基础设施和抗灾减灾能力建设。如在坚守18亿亩耕地红线的同时，以支持粮食生产功能区、重要农产品生产保护区和建设国家粮食安全产业带为重点，推动完善粮食主产区利益补偿机制、粮食和重要农产品生产流通激励机制，加大力度支持粮食主产区高标准农田建设，统筹提升农业节本增效提质降险能力。

3. 积极构建多元化、综合化、融合化的现代乡村产业体系，主动融入国家提升产业链供应链现代化水平

乡村振兴，关键是产业要振兴。最近几年来，许多地方城乡基础设施的连通性明显改善，在增加城乡居民生活便利的同时，既为加快乡村发展提供了契机，也为增加城市对乡村资源、要素和购买力的"抽吸"创造了条件，从而增加了乡村发展面临的挑战。在一个乡村产业越发达、越有特色的地方，越容易实现乡村振兴。在一个没有乡村产业或乡村产业缺乏特色和竞争力的地方，交通越发达，越容易形成城市对乡村产业资源、要素和人才的抽吸。要顺应城乡消费需求变化和消费结构升级趋势，尊重产业发展规律和乡村产业发展的特殊性，坚持面向市场和创新供给激活需求并重的方针，按照立农为农惠农要求，推进农业乡村特色资

源开发和可持续利用，培育特色鲜明、类型多样、业态丰富的现代富民乡村产业体系，打造富有特色和竞争力的乡村产业链供应链和特色产业集群。推动不同类型乡村产业之间形成资源利用、要素集聚、市场拓展等良性循环互补关系，促进乡村产业、人才、生态、文化、组织振兴互动提升，协同带动丰富乡村经济业态、提升乡村多种功能价值，激发乡村人气活力。要以本土化为重点，推进乡村产业多元化、综合化、融合化，增强其本土根植性和抗风险能力，培育乡村产业特色优势和区域品牌。在尊重市场规律前提下，鼓励农产品加工业、流通业和农村服务业重心下沉，引导城市工业向乡村延伸配套服务能力，推动涉农产业链将主体和主要就业增收机会留在县域、乡村，让涉农产业链增值收益和发展成果更多惠及乡村、农民，为农民就地就近就业增收提供载体，为带动城市人口、人才和需求"下乡"创造条件。以园区化为重点构建现代乡村产业体系，归根结底是要结合建设现代农业产业园、农业产业强镇、优势特色农业产业集群、农业现代化示范区等，引导乡村产业集聚集群集约发展，提升乡村产业质量效益和核心竞争力。

要尊重构建高水平社会主义市场经济体制要求，创新农业农村优先发展落地机制，鼓励在用地、用电、财税、融资等方面适度加强对乡村企业、涉农企业发展的倾斜支持。推进种养加结合，积极发展农产品产地初加工、特色精深加工和仓储保鲜冷链物流，推动农村由卖农产品向卖土特产品或相关工业制成品转变。结合加强涉农产业链食品安全治理，鼓励打造从田间到餐桌的现代农业产业链供应链。要鼓励优化农业农村资源开发利用，推进农村第一、二、三产业深度融合和农业农村服务业发展。鼓励龙头企业等新型农业经营（服务）主体联合合作，培育农业产业化联合体、农业产业化集群或服务集聚区，创新产销合作模式和带动小农户方式。鼓励依托行业龙头企业或区域领军企业，打造产业链综合服务中心或区域服务业综合发展平台。实施乡村"互联网+"改造工程，培育乡村文化创意、健康养老、电子商务、数字乡村等新产业新业态，推进乡村产业智慧化转型发展。要鼓励乡村产业优化布局，并融入都市圈产业分工协作网络，打造本土化、区域化、都市圈一体化的农业或乡村产业供应链。引导城市企业将产业链资源密集型、劳动密集型环节向农村延伸，培育城乡产业链关联和县乡（镇）村联动、园区—基地协同发展格局。要引导乡村企业跳出片面追求规模扩张和数量增长的思维局限，推进适地适度发展和绿色转型，做好稳量提质增效甚至减量提质增效文章。鼓励乡村产业依据产品或产业属性，科学区分大众经济、小众经济发展模式，做到因类制宜、精准施策。鼓励乡村产业统筹增强创新驱动能力和风险防控能力。

4. 大力实施乡村建设行动和农村生态文明建设工程，建设宜居宜业宜游的现代化美丽乡村

乡村建设与农村生态文明建设之间，实际上是"剪不断理还乱"的关系。要将二者结合起来，推动形成生态为底、绿色为魂、人与自然和谐共生、尊重乡村多样化差异化的美丽乡村建设道路，提升乡村生活品质和可持续发展能力。要顺应人口、经济布局演变趋势，按照高质量发展要求，将当前提升乡村基础设施和公共服务能力、人居环境建设水平，同优化其战略布局、推进县域城乡融合发展提质增效升级、增强其战略能力结合起来，努力规避其中长期资源配置的浪费。未来农业农村空间开发应该更加重视县城、城镇、乡村分化趋势，注意分类施策。要综合考虑区位交通条件、区域城镇体系、区域人口分布、产业发展重心和产业关联条件、资源要素需求/成本及其可得性的变化，统筹推进县域内新生城镇和中心村培育、收缩型城镇/村庄瘦身强体、空心村整治工作，助推在乡村打造集约高效的生产空间、营造宜居适度的生活空间、保护山清水秀的生态空间。要结合推进以县城为重要载体的城镇化建设，推进县域城镇体系布局优化调整，特别是中心镇、中心村集聚提升。要稳慎并适度超前地加强对县域城镇、乡村加快分化趋势的研究，推动城市基础设施和公共服务向卫星镇和城郊型乡村适度延伸，引导小城镇和中心镇、中心村串珠成链、网络发展，融入以周边县城或中心镇为核心的微型都市圈，并加入区域城镇分工协作网络。统筹县域城镇和村庄规划，固然要注意城镇、村庄内部规划，但县域城镇和村庄布局规划更为关键。

要结合规划引导，将部分发展势头好、潜力足的小城镇和村，培育成中心镇、中心村。鼓励少数发展势头好的大镇融入县城甚至直接设市，配套加强基础设施和公共服务能力建设。在加强规划引导和建设管控基础上，将加强农村基础设施、公共服务能力和人居环境建设的重点放在县城特别是大镇、中心镇和中心村，有利于实现基础设施、公共服务、人居环境建设的规模经济、范围经济和网络效应，推进高质量发展。在尊重农户意愿和自由选择权的前提下，县城、大镇、中心镇、中心村应注意通过优质化、规模化甚至网络化的基础设施、公共服务和人居环境，吸引（而非强制）乡村人口和经济适度集中集聚。要结合培育乡村产业园区或集聚区，引导乡村产业集聚集群集约发展和成链成块成带发展，减少乡镇村基础设施、公共服务和人居环境建设的重复投资盲目建设。部分小城镇或乡镇村人口和经济规模将会逐步萎缩，导致相关基础设施和公共服务需求下降。要稳慎推进收缩型城镇村瘦身强体。在这些小城镇或乡镇村应以满足基础设施、公共服务基本需求为主，一味强调加强基础设施和公共服务能力建设，容易形成资源浪费，影响高质量发展。要鼓励搬迁撤并类村庄恢复田园风光、自然景观和生态功能，鼓励空心村积极稳健地优化村内布局、美化人居环境和乡村风貌。结合发展乡村旅游等，统筹推进历史文化名村、少数民族村寨、乡村特色旅游景观或村庄的保护和开发利用，延续乡村文化血脉和历史传承。

要加强乡村公共基础设施和基本公共服务能力建设，增强供给稳定性和可持续性，并将其同增强其惠及农户的广泛性、可得性有效结合起来，优先加强普惠性、基础性、兜底性公共基础设施，以及基本公共服务供给能力建设。顺应人口和经济布局集中化趋势，坚持适度超前、稳健推进和尊重农民意愿相结合的方针，加强乡村水、电、路、气、信息通信、物流等基础设施建设，提高农房建设质量；聚焦重点群体、困难人群，加强面向留守儿童、留守妇女、留守老人的关爱服务和面向高龄、失能老人的养老服务能力建设；提升乡村教育培训、健康乡村、就业创业、养老服务等水平和质量，优化乡村消费环境和消费促进服务；加强数字农业数字乡村建设，推进农村基础设施和公共服务数字化转型升级。

要牢固树立绿水青山就是金山银山的理念，协同推进农村人居环境整治提升、乡村生产方式生活方式绿色转型和加强农村生态文明建设，推动形成农村面源污染防治、化肥农药减量化、畜禽粪污和秸秆资源化综合利用可持续发展机制，加强水土流失、土壤污染、地下水超采等综合整治修复。超前谋划2030年前碳达峰、2060年前实现碳中和的农村响应机制，统筹推进山水林田湖草沙综合治理、系统治理、源头治理，将推进农业和乡村产业绿色转型、加强农业乡村面源污染综合防治和推进农村生态系统保护修复有机结合，将分类有序推进农村厕所革命、提升农村生活污水治理水平和生活垃圾治理能力、整体提升村容村貌和河湖水系综合整治水平、健全农村人居环境设施管护机制等有机结合起来，提升农业乡村绿色发展水平和宜居宜业宜游程度，协同提升乡村居民生活水平和乡村生态质量，增强乡村对产业、人才、人口和资源要素的吸引力，推进城里人的乡愁与乡里人的乡恋有效对接。

5. 大力提升乡村文化软实力和乡村治理凝聚力，加快建设活力彰显、民主文明的现代化和谐乡村

加快推进农业农村现代化，既要塑形，也要铸魂。培育文明乡风、良好家风、淳朴民风，推动乡村文化振兴，归根结底是为了提升农民精气神，培育蓬勃向上、积极有为的乡村品格，带动农业农村生产生活品质的提升。打造充满活力、和谐有序、开放包容的善治乡村，归根结底是以优先保障和改善民生为导向，增强乡村发展凝聚力和对未来发展阶段、发展环境变化的动态、柔性适应能力。要以加强党对"三农"工作的全面领导为基础，在尊重农民主体地位前提下，鼓励创新乡村治理方式，培育共商共建共享的乡村治理环境，推动多层次、各领域的农业农村发展参与者和利益相关者汇聚成推动乡村振兴的强大合力。要通过繁荣发展乡村文化，健全现代乡村治理体系，激发乡村活力和魅力，彰显乡村独特价值和神韵，增强乡村对人口、人才和资源要素的吸引力，也为提升农村人口生活品质提供新的内涵。当前我国各地乡村发展差异显著，随着工业化、信息化、城镇化、农业现代化的深化，城乡之间人口、资源要素流动性不断增强，推动乡村发展处于大变革、大转型的关键时期，加剧乡村空间分化。国内外发展环境复杂严峻，不稳定不确定性明显增加，特别是村庄空心化、人口老龄化的深化，给繁荣发展乡村文化、优化乡村治理不断带来新挑战新要求。能否通过加强乡村文化建设和乡村治理，打造活力彰显、民主文明的和谐乡村，将在很大程度上决定农业农村现代化的成色和质量，也在很大程度上影响农业农村现代化

其他任务的实现。

但是，推进乡村全面振兴、加快农业农村现代化，毕竟是一个长期复杂的实践过程，诗人般的畅想、工匠般的设计往往经不起实践的考验。基于国内外经验，提升乡村文化软实力和乡村治理凝聚力，必须审慎做好"立足以来，面向未来，吸收外来"的文章，科学把握其"时度效"，努力推进乡村文化、乡村治理在弘扬历史传承中吐故纳新，在与城市发展的联系互动中改造提升，培育城乡之间、区域之间和而不同、相得益彰的发展格局。也要注意顺应乡村加快分化的趋势，因类制宜、分类施策，引导乡村文化建设和乡村治理重心下沉、走深走实，防止将推进乡村振兴简单等同于苛求所有乡、所有村都振兴，引导乡村之间甚至城乡之间通过优势互补，与时俱进地彰显多样化之美、特色化之强、包容化之力。尊重国情农情和发展阶段，尊重乡村文化和乡村治理演变规律，尊重农民意愿和农户分化实际，超前谋划提升乡村文化软实力和乡村治理凝聚力，引导农民但不代替农民，循序渐进、久久为功，应该是建设活力彰显、民主文明的和谐乡村所必需的。要注意通过群众喜闻乐见的方式，加强农村精神文明建设，提升农村思想道德水平，持续推进乡村移风易俗。通过加强乡村基层组织和平安乡村建设，推进乡村治理真正扎根乡村、提质增效，彰显公平正义和传统美德。

6. 积极健全农村低收入人口和欠发达地区帮扶机制，扎实推进农村居民共同富裕

2021年2月习近平总书记在全国脱贫攻坚总结表彰大会上的讲话中提出，"脱贫摘帽不是终点，而是新生活、新奋斗的起点。解决发展不平衡不充分问题、缩小城乡区域发展差距、实现人的全面发展和全体人民共同富裕仍然任重道远""在全面建设社会主义现代化国家新征程中，我们必须把促进全体人民共同富裕摆在更加重要的位置，……让广大人民群众获得感、幸福感、安全感更加充实、更有保障、更可持续"[1]。2021年中央一号文件和《中华人民共和国国民经济和社会发展第十四个五年规划和2035年远景目标纲要》均就实现巩固拓展脱贫攻坚成果同乡村振兴有效衔接进行了重大决策部署。脱贫攻坚取得全面胜利后，我国减贫工作的重点将由解决绝对贫困转向防止发生规模性返贫和促进低收入人口、欠发达地区共享发展成果，防止其在现代化进程中掉队、落伍。与低收入相对应的通常是相对贫困，一般以低于社会平均收入或中位数收入的一定比例作为相对贫困的衡量标准，如在我国有的专家提出以中位数收入的40%或30%作为相对贫困线；欧盟和大多数经济合作与发展组织（OECD）国家分别将中位数收入的60%和50%作为相对贫困线。但多数专家认为，低收入标准的划定，必须联系实际的经济社会发展水平和财政承受能力[2]。要

---

[1] 习近平：《论"三农"工作》，中央文献出版社2022年版，第322—323页。
[2] 黄征学、潘彪、滕飞：《建立低收入群体长效增收机制的着力点、路径与建议》，《经济纵横》2021年第2期。

结合巩固拓展脱贫攻坚成果，提升脱贫地区整体发展水平，开展农村低收入人口动态监测，健全农村低收入人口和欠发达地区常态化帮扶和分层分类帮扶机制，引导其增强发展的内生动力和可持续发展能力，有效阻断贫困代际传播、区域扩散路径，加快补齐实现农民共同富裕的短板弱项。

进入新发展阶段后，推进农村居民共同富裕的重要性紧迫性更加凸显。农村居民是否实现共同富裕，能否让农村居民在全国居民实现共同富裕的进程中不掉队、落伍，在很大程度上反映了农村居民的获得感、幸福感、安全感是否得到扎实推进，是检验农业农村现代化和乡村振兴实现程度的重要标尺；对于畅通城乡循环、加快构建新发展格局也有举足轻重的影响。推进农村居民共同富裕，要重视农民收入的关键作用，综合考察农村居民收入水平、城乡居民之间和农村居民之间的收入差距。但也不能唯农民收入，举凡影响农村居民获得感、幸福感、安全感的因素，都是反映农村居民共同富裕实现程度的重要标尺。如基础设施、公共服务惠及农村居民的广泛性和可得性，农村人居环境和生态文明建设水平，农村劳动力就业质量和就业充分度，保障农村居民有平等的参与和发展机会，等等。比如，要通过发展现代农业和乡村产业，为更多农民提供就地就近就业增收的机会，推动农村居民体面就业。这也有利于减少农村劳动力外出就业带来的留守儿童、留守妇女、留守老人问题，增强农民获得感、幸福感、安全感。

7. 推进乡村人才振兴，培育顺应农业农村现代化要求的乡村居民和劳动力

推进乡村振兴和农业农村现代化，关键靠人才。但是，随着农村青壮年劳动力大量进城和农村人口老龄化的深化，农村人口和劳动力素质老弱化的问题却在迅速凸显。因此，推进乡村人才振兴更加紧迫。要坚持问题导向、目标导向，结合健全农民教育培训体系和实施乡村企业家、新型职业农民、新型农业经营（服务）主体带头人培训工程，通过创新农民群众喜闻乐见、简单管用的培训方式，推进产教融合，带动农民科技文化素质的提高和经营、就业能力的增强。要注意发挥涉农企业家、新型农业经营主体带头人、创业导师等对乡村人才成长的引领带动作用。要结合支持搭建农村创新创业平台、加强创新创业指导服务，提升农村能人在乡创业质量。创新人才使用和开发利用机制，推进由鼓励人才回流农村，转向鼓励人才城乡环流支持乡村振兴；由鼓励人才长期下乡留乡，转向鼓励人才周期性"接龙"支持乡村振兴；由鼓励乡村通过"感情留人""情怀引人"吸引人才下乡，转向更加关注"事业留人""利益引人"吸引人才参与乡村振兴[①]；拓宽吸引城市人才支持乡村振兴的路径。结合优化农村营商环境和创新创业环境，鼓励通过外来人才引进、农民工返乡创业、城市人才下乡创业、城乡产业联合等方式，分类促进城乡人才协同创业，带动乡村人才成长和农民增收提能。加强农村就业创业培训平台

---

① 王一杰：《重视城乡逆向两栖人才促进乡村全面振兴》，《中国发展观察》2021年第2期。

建设，优化农村创新创业环境，鼓励农业农村不同经营主体联合合作，培育产业链供应链战略伙伴关系等，带动乡村人才成长。要通过推进城乡教育公平，促进城乡学前教育和义务教育更好惠及留守儿童和进城农民工子女，强化相关支持政策，切断农村劳动力科技文化素质低的代际传承渠道，从战略上促进乡村人才可持续振兴。

此外，要注意通过引导未来乡村人口和劳动力结构的变化，促进乡村人才振兴。如20世纪70年代以来，日本乡村农户混合居住化迅速发展，农户家庭占比大幅下降。2010年农户家庭占比低于30%的村落占51%，超过70%的村落仅10%。乡村农户混合居住化的发展，不仅为发挥农业多功能性、促进农产品本地化消费创造了条件①，还为提升乡村人口素质提供了便利，带动了乡村人口与农户人口差异的扩大；甚至越来越多的乡村人口生活在乡村，工作在城市。许多发达国家从20世纪70年代中后期开始，随着乡村多元产业的发展和乡村多元价值的提升，一些追求乡村生活的城市人开始在乡村地区定居，促进了乡村活力的提升②。鉴于乡村地区人口减少、农村劳动力老龄化问题加重，成为导致农村活力降低的关键因素，近年来日本更加重视以人为本，并通过实施农业活化政策鼓励新生力量参与农业农村发展③。在德国，年

---

① 姜长云：《日本的"六次产业化"与我国推进农村一二三产业融合发展》，《农业经济与管理》2015年第3期。
② 姜长云等：《乡村振兴战略：理论、政策和规划研究》，中国财政经济出版社2018年版，第22页。
③ 牛坤玉、李思经、钟钰：《日本乡村振兴路径分析及对中国的启示》，《世界农业》2018年第10期。

轻人完成基础教育后，必须经过专门的农业技术培训和实习才能从事农业生产，农场主或农业企业主还必须取得专门的从业资格。更多生活在乡村的居民并非农业从业者，而是在本镇或附近镇的公司、工厂工作，甚至包括一些具有硕士、博士学位的高科技人才，因为这里的乡村交通非常方便，乡村居民拥有可与城市媲美的现代生活水准，可以方便获得便利的教育、医疗和生活服务[①]。

8. 深入推进农村改革，助力构建高水平社会主义市场经济体制

改革是推进农业农村发展、加快农业农村现代化的根本动力。要结合深化农业农村重点领域关键环节改革，完善农村基本经营制度，以完善农村产权制度和要素市场化配置为重点，推动农业农村激活市场、激活主体、激活要素，培育推进农业农村现代化的内生动力。要在巩固完善农村基本经营制度的前提下，在2021年基本完成农村集体产权制度改革阶段性任务的基础上，扎实推进经营性集体资产产权制度改革，鼓励探索新型农村集体经济有效实现路径。积极推进农村集体经营性建设用地入市制度创新，推进盘活农村存量建设用地政策创新，推进建立公平合理的集体经营性建设用地入市增值收益分配制度。积极稳健推进农村承包地"三权分置"改革，创新资源变资产、资金变股金、农民变股东实现路径，助力现代农业经营体系建设。稳慎推进农村宅基地制度改革，鼓励探索宅基地"三权分置"有效实现形式。鼓励建

---

① 于江：《乡村振兴的德国经验》，《群众》2017年第24期。

立健全城乡要素平等交换、双向流动政策体系，促进要素更多向乡村流动，增强农业农村发展活力。结合深化农村土地制度改革，在保护农民合法权益的同时，探索吸引城市资本和人才下乡路径。按照推进农业绿色转型和高质量发展要求，完善农业支持保护制度，推进农产品价格形成机制和农业宏观调控制度创新。

要按照新发展阶段加快构建高水平社会主义市场经济体制要求，推进农业农村政策转型与激发各类市场主体活力、建设高标准市场体系、发展更高水平开放型经济、提升政府对农业农村发展乃至国民经济和社会发展的治理能力等有效衔接，将强化竞争政策基础地位、强化公平竞争审查制度刚性约束，同有效利用公平竞争审查制度的例外规定结合起来，创新农业农村优先发展方针落地机制，推动有效市场和有为政府有效结合，完善农业农村现代化推进机制。要顺应城乡融合发展趋势，加快推进覆盖城乡、惠及"三农"的改革创新。如当前许多地方进城农民工普遍面临随迁子女入学难、收费高、收费歧视严重等突出问题，不仅影响农民工及其子女的获得感、幸福感、安全感，还容易推动农民工低收入状况的代际传承，加剧城乡低收入人口就业增收和实现共同富裕面临的障碍[1]。类似问题亟待通过深化城市义务教育等公共服务领域的制度创新加以破解。现行农村宅基地管理制度在依法保护农民合法权益的同时，严禁城镇居民到农村购买宅基地；虽然鼓励村集体和农民盘活利用闲置宅基地和闲置住宅，通过自主

---

[1] 杜旻、刘长权：《农民工面临的随迁子女教育问题及对策建议》，《中国社会科学院城乡发展一体化智库研究专报》2021年第1期。

经营、合作经营、委托经营等方式，依法依规发展农家乐、民宿、乡村旅游等，但农户转让宅基地只能在本集体经济组织内部向符合宅基地申请条件的农户转让。这些政策规定虽然有其合理顾虑，但从长期来看，对于吸引城市人口和人才下乡参与乡村振兴的不利影响，也是值得重视的。在此方面，亟待深化相关改革和制度创新。随着农民工及其家庭进城规模的扩大，如何有效促进其融入城市，越来越成为提升新型城镇化质量不可回避的问题，也会对乡村振兴形成千丝万缕的影响，亟待通过覆盖城乡的制度创新加以化解。但这方面的改革往往牵一发而动全身，既要积极稳健地试点试验并鼓励基层探索，又要保持必要的历史耐心。

第五章

农业强国建设：功夫也在功夫外

练习太极拳的人都知道，太极拳博大精深，是智慧、悟性、修养的结合体，有修身养性之效，甚至"功夫也在功夫外"。农业强国建设也是如此。做好推进农业强国建设的"分内事"固然重要，但是，在我国，推进农业强国建设属于建设现代化强国的子系统，农业强国建设很难游离于社会主义现代化强国建设孤军独进。况且，有时就事论事，如果超出一定限度，就容易出现"边际效益递减"的问题。与此同时，"拓宽思路天地宽"。因此，推进农业强国建设也要放宽视野、创新思维，为农业强国建设提供良好的运行环境。为此，不仅要注意放眼未来，更要立足当下。只有立足现在，把握好未来才更加可期。

一、保持经济运行在合理区间

近年来，百年未有之大变局和新冠肺炎疫情相互交织，世界进入新的动荡变革期。国内外形势日趋复杂严峻,风险挑战和不确定性明显增加。我国经济发展和疫情防控保持全球领先地位,经济运行保持在合理区间,"十四五"良好开局。但是,进入2022年以来,俄乌冲突引发的地缘政治冲突,导致全球经济复苏的不稳定性和艰难性明显增大;局部疫情多发突发暴发,在一定程度上扰乱了正常的生产生活秩序,导致经济下行压力明显增加,也给保持经济运行在合理区间增加了新的障碍。可以预言,今后国内外发展环境将更趋复杂严峻和不确定,我国保持经济运行在合理区间,将会面临更大更复杂的困难和风险挑战。当然,我国发展具有强大韧性,从来都是在应对困难挑战中不断前行的。面向未来,既要有爬坡过坎的韧劲和决心,又要增强转危为机的能力和智慧。要完整、准确、全面贯彻新发展理念,顺应人民对高品质美好生活的期待和实现共同富裕的要求,推动构建新发展格局、推动高质量发展行稳致远,努力保持经济运行在合理区间。

1. 当前应把稳增长、稳就业放在更加突出的地位

由于发展环境、发展阶段变化,近年来我国经济增长总体呈现下行趋势。2019年GDP较上年实际增长率降到6.0%。受新冠肺炎疫情影响,2020、2021年GDP两年平均增长5.1%。2022年第一、第二和第三季度,全国GDP分别较上年同期增长4.8%、2.5%和3.0%。我国人口多,地区间、城乡间、不同群体间收入、发展水平和发展能力、资源要素和发展机会分配差距较大,又处于向高收入国家迈进阶段,面对今后更加复杂严峻和不确定的国

内外形势，保持一定增长速度对实现高质量发展至关重要。否则，容易因区域性、行业性局部经济衰退，加重区域性规模化居民减收和政府财政减收问题，加大扩内需、保民生困难和社会稳定风险。应更加重视稳增长，确保经济运行不滑出合理区间。但是，客观地说，当前国内外许多突发因素超出预期，对保持经济运行在合理区间的难度之大，应该保持清醒认识。

国内外发展环境不确定性明显增加，俄乌冲突和国内重点地区严重疫情的负面影响值得重视。近期俄乌冲突推动全球能源、粮食、部分原材料价格加快上涨现象只是刚刚开始，可能带来较大不确定性连锁反应，冲击全球经济，甚至导致其陷入新冠肺炎疫情以来的"二次衰退"风险。部分发达国家为抑制高通胀可能提速加息、缩表等，加大全球经济复苏艰难和陷入滞胀风险。这将从发展环境和出口需求方面增加我国稳增长障碍。尤其是2022年以来，国内疫情防控形势严峻，部分地区相继出现疫情高位运行并向周边外溢的情况。有些属于我国沿海发达地区的龙头城市，有些属于我国重要的粮食或农产品主产区，这些地区严重疫情的负面影响虽是阶段性的，但明显超出一般地区同等规模疫情的作用，加大稳增长困难。

部分国家取消疫情防控限制，可能削弱我国率先恢复产能的订单优势，弱化我国净出口扩张态势及其对GDP增长的贡献。近年我国净出口对经济增长贡献率迅速上升，多数主要不是源自出口量的扩张，而是出口价格快速上涨。2020、2021年我国GDP分别较上年实际增长2.3%和8.1%，货物和服务净出口分别拉动

GDP增长0.7个和1.7个百分点，对GDP增长贡献率明显超过21世纪以来的各年。其中，一个重要原因是，新冠肺炎疫情全球大流行，导致全球市场分割加剧、产业链供应链中断、供给和物流受较大冲击且成本剧增，加剧国际市场供给短缺和通胀压力。近两年我国依托在经济恢复和疫情防控上的全球领先地位，扩大出口优势凸显，通过国际市场价格飙升拉动了外需迅速扩张及对GDP增长支撑作用的凸显。今后越来越多的国家选择"群体免疫"，取消防疫限制，可能加大后续疫情防控难度和生命损失，但至少短期内可能推动全球产能、物流和供应链恢复，弱化大宗商品国际市场短缺对价格的推升作用，导致医用等部分商品价格高位运行现象降温，净出口对经济增长支撑作用转弱。

要推动"稳字当头、稳中求进"加快落地，把稳增长放在更突出地位，统筹稳增长、调结构、推改革。近期为统筹疫情防控和经济社会发展，国家出台了一系列政策措施，关键是要着力解决其落地见效的"最后一公里"问题。

稳增长与稳就业可相互促进，但非完全等同。就业是民生和社会稳定之本、增收入扩消费之源。要把稳就业放在同稳增长同等优先的突出地位，强化推动高质量发展的就业优先导向，着力在提高经济增长的就业带动力上下功夫。关于疫情防控对经济社会发展的影响，光看统计数据是不够的。多看看民营经济特别是非正规就业市场的就业，多到旅游、餐饮等人员聚集性行业看一看一线就业者的就业和收入状况，才能更加了解当前就业稳收问题的严峻性，也可以更加了解当前哪些政策比较管用、哪些政策效果有限。支持基础设施建设是稳增长、扩内需的重要抓手，要更加重视就业带动力强的基础设施建设。与此同时，要更加关注零就业家庭、举家进城农民工、毕业后持续无就业大学生、与特困行业和问题产业集群相关的群体性失业，以及40岁、50岁失业群体的再就业困难。通过鼓励企业稳岗扩岗少裁员，支持企业稳定人才队伍，强化社会责任等措施，帮助部分因疫情影响就业增收的人士缓解暂时性的就业稳收困难。

2.近期选择

第一，推进宏观政策与微观政策融合，更多关注疫情和经济下行影响较大的市场主体。新冠肺炎疫情和经济下行压力加大的负面影响具有非对称性，对低收入人口，低知识市场化就业人群，民营企业、小微企业、个体工商户等市场主体，餐饮和旅游民宿等接触型服务业更易形成负面影响，成为妨碍构建新发展格局的堵点、实现高质量发展和共同富裕的难点。要继续做好"六稳""六保"工作[①]，呼应市场主体和消费者关切，推动积极财政政策特别是新增财力支持更好地下沉基层，向这些人口和市场主体适度倾斜。加强对微型企业、个体工商户和区域性规模性特困行业的金融支持，助其降低融资成本、提高融资便利，引导其通过稳就业促增收，夯实促消费扩需求根基。注意通过优化便民利企

[①] "六稳"，即稳就业、稳金融、稳外贸、稳外资、稳投资、稳预期。"六保"，即保居民就业、保基本民生、保市场主体、保粮食能源安全、保产业链供应链稳定、保基层运转。

服务、创新简便亲民管用的监管标准和准入措施，帮助减税降费政策难以惠及的人口和市场主体降低就业创业成本与风险。提升积极财政政策效能，并加大稳健货币政策实施力度，更多支持自主创新、民营经济、乡村振兴；鼓励金融机构加强对市场主体的中长期资金支持，助其缓解外部环境变化导致的融资困难和资金链断裂风险；推进财政、货币政策协调联动，强化对市场主体赋能发展、优化服务和营商环境建设的支持。

第二，推进创新、改革开放政策协同发力，增强实现高水平自立自强能力。创新是发展的第一动力，也是我国实现高水平自立自强需要克服的短板弱项。要优先支持自主创新，优化创新创业创造生态，从机制、政策上鼓励攻克种子、重要资源能源和关键核心技术"卡脖子"难题，促进科技创新和成果转化，鼓励变革性技术创新。要深化改革开放，注意激发科技型企业家和战略型科学家引领自主创新的主动性积极性，鼓励行业领军企业、供应链核心企业和创新型企业成为增强创新驱动能力、促进科技成果转移转化和产业化的领头羊和生力军，并在提升产业链供应链稳定性和竞争力方面发挥引领作用、中坚力量。深化改革，推动有效市场和有为政府更好结合，激发市场活力和社会创造力，加快营造市场化、法治化、国际化营商环境，拓展高质量发展空间。要扩大高水平对外开放，加快建设更高水平开放型经济新体制，增强利用两个市场两种资源能力，带动深层次改革和高质量发展，在开放发展中增强应对国内外风险挑战的能力。要注意顺应数字经济和产业融合需求，创新包容审慎监管方式，优化平台经济治理，促进数字技术赋能供给侧结构性改革。

第三，优化跨周期逆周期调控，增强构建新发展格局、推动高质量发展的能力。近年来，我国日益重视通过加强跨周期和逆周期调节应对风险挑战，有效促进了稳增长。当前，我国发展仍处于重要战略机遇期，但国内外发展环境的复杂性、严峻性、不确定性明显上升，导致识别和应对机遇、挑战的难度大增，加之许多机遇、挑战并非定数，复杂性和连锁影响强。有些突发性、临时性因素超出预期，影响跨周期逆周期调控时间、力度选择的精准性和有效性，容易导致调控有效性不足和政策错配问题。要科学区分影响发展的常态因素、转型因素和危机因素，有效辨识长期目标、短期调控目标和应急管理目标。这对于更好把握利用重要战略机遇期，具有战略和全局意义。要结合采用区间调控、定向调控、相机调控等，提高跨周期、逆周期调节能力，协同支撑经济平稳运行。要加强宏观调控政策前瞻性、基础性、储备性研究，增强政策柔性和应对环境变化的弹性，在与市场的互动博弈中，优化政策的时度效。

第四，切实推动高效统筹疫情防控和经济社会发展落实落地，强化粮食能源和重要物资保供推进稳物价稳民生。当前全球通胀压力加大，要加强进出口调控，有效抵御输入型通胀风险，防止物价超常上涨影响民生和产业链供应链稳定；要更加重视保护营商环境和消费环境、畅通关键物流和民生物资运输通道。面对突如其来的新冠肺炎疫情，抓好疫情防控工作不能放松，要确保疫情防住、经济稳住、发展安全。但也要防止部分地区疫情防控过度加码，妨碍市场机制作用，加剧物流受阻、供应链中断并推高物价，妨碍国民经济循环。否则，对营商环境、消费环境的破坏，比出台有收缩效应的政策危害更大。要注意提高科学精准防控本领，推动常态化疫情防控走实，按照防疫向善、亲民惠民的原则，把疫情防控的好事做成让群众安心顺心的实事，尽力减少疫情对经济社会发展和基本民生的负面影响。面对其他突发公共事件，也要注意将做好风险防控与推进高质量发展有效结合起来，做好大宗商品稳产保供工作，加强战略储备和国内资源生产保障能力建设，完善风险防范预警机制，切实增强应急反应能力。要确保国家粮食能源安全、不发生规模性返贫、不发生规模化区域性群体性失业、不堵塞关键物流和民生物资运输通道等底线，强化大城市粮食、能源和民生物资供应应急保障能力。

二、在高质量发展中促进共同富裕

2021年8月17日习近平总书记主持召开中央财经委第十次会议时强调，"现在，已经到了扎实推动共同富裕的历史阶段""必须把促进全体人民共同富裕作为为人民谋幸福的着力点"，要"坚持以人民为中心的发展思想，在高质量发展中促进共同富裕"[1]。2020年10月在《关于〈中共中央关于制定国民经济和社会发展第十四个五年规划和二〇三五年远景目标的建议〉需要说明的几

---

[1] 习近平：《习近平谈治国理政（第四卷）》，外文出版社2022年版，第141、144页。

个重点问题》中,习近平总书记又强调,"共同富裕是社会主义的本质要求,是人民群众的共同期盼""促进全体人民共同富裕是一项长期任务,但随着我国全面建成小康社会、开启全面建设社会主义现代化国家新征程,我们必须把促进全体人民共同富裕摆在更加重要的位置"[1]。要高度关注影响"在高质量发展中促进共同富裕"的几种倾向并进行有效应对,推动广大人民群众获得感、幸福感、安全感更加充实、更有保障、更可持续,夯实党长期执政的基础。

1. 防止几种倾向

第一,只重视"富裕",不重视"共同""共享",将共同富裕简单等同于经济发展或人均收入水平的提高。如将人均GDP水平的提高,甚至将在多数居民人均收入水平大致稳定背景下的少数人、少数地区富裕,简单等同于共同富裕。不重视"平均数容易掩盖大多数",不注意解决地区差距、城乡差距、收入差距扩大或过大问题,导致收入分配或发展机会偏离农村、基层、欠发达地区或困难群众。少数地区本土居民共享发展成果的渠道不畅,在发展过程中走向边缘化,发展机会被外来人口严重挤占,出现类似"某某市发展与某某市人[2]无关"等极端问题。这实际上是与实现共同富裕的方向相悖的。

第二,只重视"共同""共享",不重视"共商""共建",将

---

[1] 习近平:《习近平谈治国理政(第四卷)》,外文出版社2022年版,第116页。
[2] 此处的某某市人系指本市原居民。

共同富裕简单理解为"劫富济贫"或"平均分配"。如少数地区在巩固拓展脱贫攻坚成果时，不注意扶志扶智，很少关注帮助脱贫户提升发展能力和发展机会的问题，只是对龙头企业按其承担的农户帮扶任务量提供优惠贷款，要求龙头企业每年按优惠贷款额度对帮扶对象提供一定的收入支持。一旦相关财政支持项目到期，脱贫户不需要通过劳动就可以从龙头企业获得的收入就会迅速消失，很可能重新陷入贫困。更有甚者，将企业或高收入人群对低收入人群"发钱"视作理所当然，助长低收入人口的"懒汉"心理或对企业、富人"慈善"的依赖情结。在防范规模性返贫的过程中，这是需要高度重视的。

第三，只重视收入水平的共同提高，不重视基础设施、公共服务和就业质量的改善及其普惠可及，将共同富裕简化为共同增收。如有些地方不同收入群体的收入水平都有所增加，但基础设施、公共服务状况未见明显改善，甚至有所退化，部分人群甚至对此可望而不可即。部分人群收入水平虽然提高了，但就业质量有所下降，如工作时间延长、负担加重，甚至损害身体健康和就业体面；或面临空气质量下降、噪声污染增加等困扰。少数地方居民收入普遍提高，并未带来获得感、幸福感、安全感的普遍改善，更难以对提升获得感、幸福感、安全感形成广泛认同。

第四，片面重视支持新产业新业态新模式的发展，不重视推进其与传统产业融合发展和公平竞争，导致就业增收和发展机会向少数人集中的问题凸显。如有些新产业新业态新模式的发展，有效带动了部分群体就业增收，但也挤占了部分传统实体经济的就业增收空间。如近年来在许多地区，电商对线下实体店形成群体性、规模化冲击。发展数字经济，既会带动部分就业增收空间的拓展，加速社会生产生活方式和社会治理方式的变革，又会通过对实体经济赋能发展，促进经济社会运行效率和质量的提高。但数字经济发展也容易形成"赢者通吃"、"数字鸿沟"、劳动力市场两极分化，甚至"少数人迅速暴富，多数人被迫埋单"的问题，导致农民、老人、小微企业和欠发达地区在发展过程中容易陷入"被边缘化"的困境。

2. 采取有效应对

第一，完整准确全面理解"在高质量发展中促进共同富裕"的深刻内涵。共同富裕是全体人民的共同富裕，以富裕为前提、以强调"共同"为特征，是更加强调共享发展的富裕，是更加重视共商共建的共享发展。促进共同富裕，要将鼓励勤劳创新致富与促进人的全面发展有机结合起来，将促进居民收入水平的普遍提高和收入差距的合理化，同改善基础设施、公共服务、就业质量并增强其普惠可及性结合起来，推动全体人民共创美好生活。在高质量发展中促进共同富裕，强调将促进全体人民共同富裕建立在促进高质量发展的基础之上，将实现更高质量、更有效率、更可持续的发展同实现更加公平、更为安全的发展结合起来，是"效率优先但更加兼顾公平""在继续重视发展的同时更加重视共享和先富带动后富"的和谐富裕。扎实推动共同富裕，要在继续"做大蛋糕"的同时，更加重视"分好蛋糕"，并完善"蛋糕分好机制。要聚焦解决地区差距、城乡差距和收入差距问题，立足当前、着眼长远、循序渐进、分类施策，以解决群众急难愁盼问题为优先切入点，注意轻重缓急、标本兼治、分阶段推进。要注意通过深化改革开放，推动政策和制度创新，促进发展机会更广泛、更公平地惠及全体人民，不断增强人民群众的获得感、幸福感、安全感和广泛认同感，防止新的政策出台加剧地区差距、城乡差距和收入差距等问题。

第二，强化就业优先政策和经济发展的就业导向。要深化就业促进的机制创新，推动就业、产业、投资、消费、环保、区域等政策向有利于实现更加充分、更高质量就业的方向转型，更加注重缓解结构性就业矛盾，更加重视面向重点就业或就业困难群体加强就业支持服务，推动就业促进政策向有利于化解农民、农村、小微企业、欠发达地区或困难群众就业增收困难的方向适度倾斜，鼓励以创新创业带动就业。如鉴于中小微企业就业亲和力强，要借鉴国际经验，通过强化政府采购倾斜、鼓励服务体系向中小微企业赋能等方式，帮助中小微企业增强创新力和市场竞争力，更好发挥中小企业的社会就业稳定器作用。"十四五"规划要求保持制造业比重基本稳定，应将重点放在稳定制造业占全社会就业的比重上，为更好发挥制造业较强的产业关联效应、就业创造效应、知识溢出效应、创新驱动效应和财富积累效应，为更好培育现代经济体系的竞争优势创造条件。制造业占GDP比重，往往因制造业与其他产业，特别是服务业相对价格变动的不同而呈现较大差异。从国际经验看，制造业是经济增长的核心动力，也是财富或价值创造的基础源泉。国外对去工业化问题的关注，最先是从关注工业或制造业在整个经济中就业占比的下降开始的。

第三，将支持新产业新业态新模式发展的重点，放在带动传统产业转型升级和融合提升上。要系统评价新产业新业态新模式发展的影响，综合考虑其对全社会就业增收、财富和发展机会分配的正向影响和负面作用，不可偏废。培育新产业新业态新模式，不仅要重视其对经济增长、就业创造等方面直接的综合作用，更要重视其对传统经济转型升级的赋能和融合提升作用。虽然新产业新业态新模式的增长速度可能明显超过传统经济，但传统经济的体量甚至总增量往往明显超过新产业新业态新模式。在许多发达国家也是如此。加快建设现代化经济体系，巩固壮大实体经济根基，要在支持培育新产业新业态新模式的同时，将重点转向鼓励新产业新业态新模式增强对传统产业的融合发展和赋能带动上，更好地发挥其对传统产业高端化、智能化、绿色化、服务化转型的辐射提升作用。要结合实施"数字惠企"工程，在支持头部企业和新型研发机构增强引领型创新能力的同时，优先鼓励其增强对提升产业链供应链现代化水平的引领带动作用，鼓励其带动中小微企业走"专精特新"发展道路，打造产业链供应链协同创新的"命运共同体"，营造领军企业"顶天立地"、创新型企业"开天辟地"、中小微企业"铺天盖地"，不同类型企业协同共进的和谐氛围。

第四，创新规制推动新产业新业态新模式平等发展、共享发展。近年来，许多地方在产业政策中存在过度偏爱新产业新业态新模式的倾向，导致传统产业发展面临程度不同的事实歧视。如部分地区通过对线上业务的免税低税政策，加大对线下业务和传统经济的挤压效应，导致传统经贸流通业加速倒闭。快递配送业的迅速发展，方便了社会生产生活，但与放开电动车交通安全管控标准、提高交通事故发生率，很可能也有一定关系。要在尊重产业特性和发展阶段差异的基础上，注意营造新产业新业态新模式与传统产业公平竞争的环境。比如，有些互联网头部企业依托庞大的资金实力和融资能力，通过巨额补贴和低价销售进入社区团购等领域，挤压普通菜市场的小商小贩，谋求垄断市场，容易形成对底层民众基本民生的规模化、群体性冲击。应通过设立产业准入负面清单、强化企业社会责任底线等方式，对新产业新业态新模式相关企业损害共享发展能力、侵蚀就业增收困难群体利益的行为，形成有效的制度化制约。要结合推进制度创新，规避科技含量低、金融杠杆率高的"伪高科技"平台型企业；结合实施"数字惠民"工程，鼓励数字技术适老化和使用便捷化改造。

第五，引导督促数字经济等新产业新业态新模式做好反垄断、防风险工作。世界百年未有之大变局，国内发展体制性、周期性、结构性矛盾交织，加之新冠肺炎疫情影响的复杂性，增加了数字经济等新产业新业态新模式的运行风险。许多新产业新业态新模式发展需要产业生态、应用场景与之呼应，否则其实际效果往往大打折扣，甚至面临巨大风险。在部分地区，先进技术往往不实用，实用技术往往不先进，类似现象也会增加新产业新业态新模式的运行风险和发展困难。因此，推动新产业新业态新模式降低运行风险，防止资本无序扩张，需要警钟长鸣，打好提前量。

三、全面提升科技创新的引领支撑能力

党的十九大和"十四五"规划明确要求"构建实体经济、科技创新、现代金融、人力资源协同发展的现代产业体系"。"十四五"规划再次强调，"坚持创新在我国现代化建设全局中的核心地位，把科技自立自强作为国家发展的战略支撑"。从"十四五"开始，我国进入新发展阶段。这种新发展阶段，是在全面建成小康社会基础上开启全面建设社会主义现代化国家新征程的阶段。立足新发展阶段，坚持新发展理念，构建新发展格局，推动高质量发展，要求我们在全面建设社会主义现代化强国的过程中，高度重视科技创新的引领支撑作用，用增强科技创新引领支撑能力的确定性，有效化解外部环境的不确定性。要将"构建实体经济、科技创新、现代金融、人力资源协同发展的现代产业体系"作为建设社会主义现代化强国的一条主线。建设农业强国也是如此。为此，要注意打好"5张牌"。

1. 重视科技创新与探索创新转化路径的关系

如巩固拓展脱贫攻坚成果，防止发生规模性返贫，是全面推进乡村振兴的底线要求，也是全面建设社会主义现代化国家、建

设农业强国的底线要求。长期以来,科技创新及其推广应用,是脱贫地区农业和乡村产业转型发展及增强抗风险能力的坚实支撑。许多地方乡村优势特色产业同质性强,低水平过度竞争严重,一个重要原因是对行业发展和竞争状况、对社会消费需求及其变化趋势把握不够。借助大数据等新一代信息技术,对此加强前瞻研究和运用,有效发挥现代信息技术对中高端市场供求的链接和匹配功能,可以为产业提质增效降险提供重要支撑。随着社会消费需求升级和消费需求日益个性化、多样化,提高农业和乡村特色产品质量,加强对细分市场、小众市场开发的重要性迅速凸显。按照需求导向,强化相关科技创新的推广应用,其重要性更加凸显。但是,探索科技创新向产业创新转化的路径同样关键。近年来,许多地方不断创新科技赋能推进乡村产业发展的路径和方式,有效促进了乡村产业高质量发展。如许多地方通过发展农业生产托管等农业生产性服务业,创新了农业科技成果转化方式,促进了科技、资金、人才等高级、专业化要素在农业领域的规模化、集成化应用;也规避了小规模农户家庭经营农业科技成果转化难的问题。许多地方在乡村产业发展过程中,发挥龙头企业等新型农业经营主体和行业协会、产业联盟等引领带动作用,通过推进农村第一、二、三产业融合发展,培育产业链供应链战略伙伴关系,加快了科技创新促进产业提质增效升级的进程,促进了产业链创新链深度融合和产业链供应链现代化水平的提升。许多平台型企业利用其整合技术、资金、人才等优势,通过对参与乡村振兴的新型经营主体、工商资本等赋能发展,发挥服务商的作用，放大了农村服务业、新型农业经营主体和工商资本的发展能级。

2. 协同推动科技创新高瞻远瞩与走深走实

面对世界百年未有之大变局，面对国内周期性、结构性、体制性矛盾的叠加影响，特别是新冠肺炎疫情的警示作用，提升科技创新对高质量发展的引领支撑能力，必须注意增强科技创新的前瞻性，加强战略问题研判和超前应对。因此，引导科技创新更好地面向世界科技前沿、面向国家战略需求至关重要。否则，长期满足于短期的修修补补和被动应付，与引领支撑高质量发展的需求的差距必然越拉越大，甚至成为高质量发展的主要掣肘。要加快制定实施基础研究中长期规划，强化应用研究对基础研究的带动作用，创新筹资方式，加强对基础研究的投入支持，探索完善基础研究的长周期评价机制。要强化国家战略科技力量，坚持以国家战略需求引领带动创新体系转型升级，构建以国家实验室为引领的战略科技力量，鼓励和推动各类战略科学家、战略性技术创新人才脱颖而出。与此同时，科技创新又必须瞄准经济社会发展的现实需求，为推动高质量发展和实现人民高品质生活服务。特别是当前，在我国经济发展面临需求收缩、供给冲击、预期转弱三重压力的背景下，需要更好依托科技创新稳大局、应变局、开新局。因此，要注意面向经济主战场、面向人民生命健康的现实需求走深走实，强化企业创新主体地位，深化产学研用合作，增强科技创新为推动高质量发展、满足人民美好生活需要的服务能力，为全面塑造发展新优势、加快发展现代产业体系强化科技支撑。

3. 科学处理科技创新开天辟地与铺天盖地的关系

许多科技创新成果具有开天辟地作用，甚至属于颠覆性创新，能有力引领未来发展方向，可以成为培育经济发展新动能的"战略指引"。如许多未来产业的科技创新，或者惠及产业或经济社会发展的颠覆性创新。鼓励这方面的科技创新，有利于抢占全球科技竞争和产业变革的制高点，推动科技创新转型升级。但是，更多的科技创新具有铺天盖地惠及大众共享发展的能力。这些科技创新，能为增强市场主体的竞争力和可持续发展能力注入动能，为培育"专精特新"企业和实施产业基础再造工程提供支撑。"一花独放不是春，百花齐放春满园"，在完善国家创新体系、加快建设科技强国的过程中，情况如此；在建设社会主义现代化强国或农业强国的过程中，选择科技创新的模式也要注意这一点。推及产业发展，通过科技创新促进新产业新业态新模式的成长固然重要，通过推动新产业新业态新模式与传统产业融合发展，培育对传统产业改造和转型升级的引领带动能力更为关键。

4. 坚持需求导向、市场驱动

需求是一所伟大的学校，也是科技创新转化为产业创新的导航。我们对全球高质量创新型经济体的研究表明，它们不仅科技创新和产业创新能级较高，而且科技创新、产业创新的市场驱动特征也较为显著，科技创新成果市场化、产业化应用能力较强，甚至科技创新链与产业创新链深度融合互动。改革开放以来，深圳的发展过程为我们提供了一个科技创新与产业创新融合互动的先行示范。近期的一些研究显示，深圳的绝大多数科技公司是通过需求导向开展创新的，深圳是我国将创新从科研活动转变为经济活动的先行者。

5. 更加重视创新生态建设

完善优化科技创新生态，优化科技创新的体制机制，培育扎实的科研作风和创新成果转化能力，可以为强化科技创新的引领支撑提供雄厚底蕴和不竭动力。全面提升科技创新对高质量发展的引领支撑能力，引进创新机构、创新人才是至关重要的，但更为重要的是通过培育良好的创新生态、完善科技创新体制机制，形成有利于创新机构、创新人才成长发育和发挥作用的体制机制与政策环境。通过科技创新生态建设，促进基础研究和应用研究与科技成果转化实现良性互动、有机结合。马晓澄（2019）在《解码硅谷》中的研究发现，硅谷奇迹是创新要素高度集聚的结果，形成了包括大学、企业、政府、风投等科技服务体系在内的完整创新生态[1]。因此，应把培育有利于科技创新的生态环境放在更加重要的地位，进一步提升企业技术创新能力，激发人才创新活力，培育鼓励创新、崇尚创新、弘扬创新创业结合的社会文化

---

[1] 马晓澄：《解码硅谷：创新的生态及对中国的启示》，机械工业出版社2019年版。

氛围。可以相信，当创新成为国民潜移默化的普遍、自觉行为时，高水平创新生态建设就基本建成，离建成创新型国家也为期不远了。届时，建成社会主义现代化强国也好，建成现代农业强国也罢，都是为期不远、曙光在望的事情。

第六章

强化农业强国建设的产业支撑

推进乡村产业振兴是实施乡村振兴战略的首要任务,是加快构建新发展格局、优化城乡循环、促进农民农村共同富裕的重要途径。农业是乡村产业的重要内容和独特形态,但乡村产业也包括乡村非农产业,如农产品加工业等农村工业和农业农村服务业。这些乡村非农产业大多属于农业关联产业,或与农业农民有着千丝万缕的联系。促进乡村产业发展,不仅有利于创新农业发展理念和发展方式,拓宽其人才、科技、信息等高级、专业化要素来源渠道;对于提升农民素质和就业竞争力也具有重要意义,有利于拓展农民就业空间和农业劳动力转移渠道,也能为农民"在干中学"、提高就业创业能力提供平台。因此,发展乡村产业也是建设农业强国的"基本功"和"必修课"。推进城乡产业协同发展和农村第一、二、三产业融合发展,都需要建立在乡村产业发展的基础之上。

一、科学选择方式方法

就总体而言，选择乡村产业发展，也要完整、准确、全面贯彻新发展理念，顺应人民对高品质美好生活的期待和实现共同富裕的要求，体现有利于构建新发展格局、推动高质量发展的方向。这并非空话套话。

1.强化全局视野和系统思维，注重统筹谋划、协调联动

习近平总书记指出，创新、协调、绿色、开放、共享的新发展理念"是管全局、管根本、管长远的导向"，"既有各自内涵，更是一个整体。要树立全面的观念，克服单打一思想，不能只顾一点不及其余"；"进入新发展阶段明确了我国发展的历史方位，贯彻新发展理念明确了我国现代化建设的指导原则，构建新发展格局明确了我国经济现代化的路径选择"，新时代新阶段的发展"关键在于办好自己的事，提高发展质量"，"经济、社会、文化、生态等各领域都要体现高质量发展的要求"[①]。要深刻认识贯彻新发展理念和构建新发展格局、推动高质量发展内在逻辑的一致性，加强前瞻性思考、全局性谋划、战略性布局、整体性推进，合力保持平稳健康的经济环境、国泰民安的社会环境、风清气正的政治环境。要牢牢把握扩大内需战略基点，着力深化供给侧结构性改革，打通妨碍国民经济循环的堵点、痛点，通过构建以国内大

---

① 习近平：《论把握新发展阶段、贯彻新发展理念、构建新发展格局》，中央文献出版社 2021 年版，第 111、334、487、421 页。

循环为主体、国内国际双循环相互促进的新发展格局，夯实推动高质量发展、创造高品质生活的根基。要坚持问题导向，加强政策集成和协同，防止政策合成谬误、分解谬误和政策碎片化，促进改革发展稳定政策有效衔接落地，推动经济实现质的稳步提升和量的合理增长。

比如，构建现代乡村产业体系，要注意把产业链主体留在县域，通过完善利益联结机制，让更多农民能够更好地分享产业链增值收益。这不仅是推进共享发展的要求，也可以为扩大内需特别是农村消费提供坚实的农民收入支撑。提升乡村产业链供应链现代化水平，需要支持农业产业化龙头企业创新发展、做大做强。但是，也要注意鼓励龙头企业带动家庭农场、农民合作社特别是小农户成长，通过培育涉农供应链战略性伙伴关系，增强对农民就业增收的辐射带动能力。这也是新发展阶段更加重视共同富裕的基本要求。检验乡村产业是否高质量发展，不仅要看能否通过增强产业创新驱动能力，有效提升其质量、效益和核心竞争力，还要看其发展能否让更多农民有活儿干、有钱赚，并通过让农民在参与发展的过程中增强自身就业增收能力，更好地实现共享发展。要注意结合统筹城乡生产、生活、生态空间，培育都市圈作为推进新型城镇化和乡村振兴的战略平台功能，引导都市圈内核心城市、梯级节点城市增强对县域发展的辐射带动功能。随着城乡居民收入和消费水平的提高，我国农产品消费不可能完全依靠自给自足，在提升粮食和重要农产品供给保障能力的同时，部分农产品通过国际市场调剂余缺或参与国际市场竞争是必然趋势。

支持企业融入全球农产品供应链，或"走出去"参与国际市场竞争，不仅有利于营造涉农国内大循环与国际大循环相互促进的发展格局，也有利于通过畅通国际大循环更好地引领提升涉农国内大循环。

2. 强化问题导向和大历史观，注重立足当前、着眼长远

要从我国发展历史逻辑、理论逻辑、实践逻辑的结合中，深刻认识完整、准确、全面贯彻新发展理念，构建新发展格局，推动高质量发展的科学内涵、必要性、紧迫性。习近平总书记提出，要"科学分析形势、把握发展大势，坚持用全面、辩证、长远的眼光看待当前的困难、风险、挑战"[1]，"深刻认识我国社会主要矛盾变化带来的新特征新要求，深刻认识错综复杂的国际环境带来的新矛盾新挑战"[2]，"要抓住主要矛盾和矛盾的主要方面，切实解决影响构建新发展格局、实现高质量发展的突出问题，切实解决影响人民群众生产生活的突出问题"[3]。坚定信心，正视困难，将战略坚定性与策略灵活性结合起来。科学区分经济运行和宏观调控中的快变量与慢变量，防止将持久战打成突击战、将攻坚战打成消耗战。促进跨周期和逆周期宏观调控政策有机结合、高效作用。注意不同政策影响经济运行时滞效应的差异，切实提高宏观调控

---

[1] 习近平：《论把握新发展阶段、贯彻新发展理念、构建新发展格局》，中央文献出版社2021年版，第351页。
[2] 习近平：《习近平谈治国理政（第四卷）》，外文出版社2022年版，第12页。
[3] 习近平：《论把握新发展阶段、贯彻新发展理念、构建新发展格局》，中央文献出版社2021年版，第501页。

的前瞻性、针对性、有效性。推动政策发力适度，打好"提前量"，把好政策和改革举措的时度效，防止时空错配，为未来发展埋下更大隐患，协调提升我国乡村产业的生存力、竞争力、发展力和持续力。

比如，考虑乡村产业发展时，要结合近年来全国人口总量增长明显放缓、人口老龄化提速、人均收入水平提高这个大背景，关注由此带来的需求结构变化对乡村产业发展的影响，关注城市需求结构升级及其与乡村产业优化供给对接的可能性。推进乡村产业振兴，不仅要注意提升农业质量、效益和核心竞争力，还要注意通过引导乡村产业多元化、综合化和融合化发展，丰富乡村经济业态，将激发乡村产业的经济功能同培育乡村产业的生活功能、生态功能、文化功能有机结合起来，促进乡村产业振兴、人才振兴、文化振兴、生态振兴、组织振兴耦合共生、融合提升，并借此改变当前部分地区出现的农村经济农业化、农业经营副业化、乡村发展空心化和乡村人才、文化、生态、组织发展徘徊滞后的问题。鉴于许多乡村产业发展面临供求衔接不畅的问题，加大资源利用的浪费，要注意引导乡村产业立足资源优势和发展基础，面向市场需求，培育产业特色和竞争优势，推动形成乡村产业"一乡一品""一县一业"发展格局。鼓励实施"乡村企业家成长工程"和"县域营商环境建设补短板工程"，推进"优化营商环境建设进农村"，鼓励城市公共服务和网络平台向乡村市场主体延伸服务能力，强化城市产业对乡村产业发展的引领带动作用。此外，推动农业农村优先发展方针加快落地，创新完善乡村产业支持政策，推动其更好地兼容乡村企业产业属性和发展要求，辐射带动农民就地就近就业增收，也有利于乡村产业更好地带动农民农村共同富裕。

3.强化底线思维和忧患意识，注重稳中求进、安全发展

近年来，经济全球化逆流汹涌，大国博弈激烈复杂，世界进入新的动荡变革期，"黑天鹅""灰犀牛"事件明显增多。全球大宗商品价格高位波动，重要资源和关键核心技术"卡脉子"问题凸显，粮食、能源、金融、气候、产业链供应链安全风险剧增，统筹发展和安全面临新约束新变数。我国结构性、体制性、周期性、临时性问题交织，需求收缩、供给冲击、预期转弱压力叠加，部分突发因素超出预期。尤其是当前，做好"六稳""六保"工作存在较大难度和压力，面临较大风险挑战。新冠肺炎疫情加剧国内外环境的复杂严峻和不确定，其后续影响仍然有待观察。必须增强忧患意识和底线思维，更加重视居安思危，更加重视统筹发展和安全。要做好随时应对更加困难复杂局面的准备，增强对国内外风险挑战的预见预判力和柔性应急管理能力，强化我国安全发展能力。习近平总书记要求"善于转危为机，努力实现更高质量、更有效率、更加公平、更可持续、更为安全的发展"[1]。具体到乡村产业发展中，要确保国家粮食能源安全、不发生规模性返贫、不发生规模化区域性群体性失业、不堵塞关键物流和民生物资运

---

[1] 习近平：《论把握新发展阶段、贯彻新发展理念、构建新发展格局》，中央文献出版社2021年版，第372页。

输通道等底线。比如，新冠肺炎疫情影响全球经济景气，叠加发达国家为应对通货膨胀采取激进加息等措施，可能导致全球经济陷入衰退的风险明显增加。这很可能从需求链和供应链两方面，增加脱贫地区乡村产业发展的风险。因此，引导脱贫地区推进乡村产业高质量发展，日益成为推进脱贫地区持续巩固拓展脱贫攻坚成果的迫切要求。

4. 更加重视促进农民农村共同富裕，补齐实现共同富裕的短板弱项

当前，我国已全面建成小康社会，开启全面建设社会主义现代化国家新征程。在此背景下，立足新发展阶段，贯彻新发展理念，要求把构建新发展格局作为推动我国经济现代化的重要路径选择，把在高质量发展中促进全体人民共同富裕作为推动我国现代化的战略导向。构建新发展格局要求在高质量发展中促进全体人民共同富裕，促进全体人民共同富裕有利于更好地构建新发展格局。二者相辅相成、有机结合、和谐互动。比如，构建新发展格局，要求抓住扩大内需这个战略基点，促进生产、分配、流通、消费更多依托国内市场。通过促进全体人民共同富裕，推动居民收入水平的提高和收入差距合理化，可以为扩大内需提供强劲支撑和雄厚底蕴。通过提高欠发达地区、中低收入阶层特别是脱贫地区、农村中低收入阶层的收入水平，为填充甚至扩大高收入阶层消费结构升级留下的市场空间提供收入支撑。这有利于形成我国消费结构升级、产业市场扩张的"雁阵模式"，弥合城乡消费断层，延长我国产业发展的生命周期，进而促进国内产业循环、市场循环、经济社会循环更好地畅通无阻。而国内循环的畅通，又会对畅通国际大循环、发挥其对国内大循环的引领带动作用，提出新的更高层次的要求。如要求在加强科技自立自强的同时，更好地引进、消化、吸收国外先进技术和发展模式，促进国内产业结构、消费结构升级；在满足国内粮食和重要农产品有效供给的同时，通过积极参与国际农产品贸易，更好地满足国内消费需求扩张和消费结构升级对高端优质农产品、特色品牌农产品和功能食品的消费需求。

仅从城乡循环来看，当前工农发展不平衡、"三农"发展不充分是我国发展不平衡不充分最突出的表现。构建新发展格局要坚持把解决好"三农"问题作为全党工作的重中之重，促进全体人民共同富裕要求把促进农民农村共同富裕作为攻坚克难的重点。比如，2020年全国农村居民人均可支配收入为17131.5元，仅及全国城镇居民人均可支配收入的39.1%；按居民人均可支配收入五等份分组，从各占20%的高收入户到中间偏上户、中间收入户、中间偏下户和低收入户，2020年农村居民人均可支配收入分别仅及城镇居民的40.1%、38.0%、37.5%、37.8%和30.0%。同年，如果以农村居民中的低收入户人均可支配收入为100，在农村居民中的高收入户、中间偏上户、中间收入户、中间偏下户人均可支配收入分别为822.8、446.1、314.3和222.0；如果以城镇居民中的低收入户人均可支配收入为100，在城镇居民中的高收入户、中间偏上户、中间收入户、中间偏下户人均可支配收入分别为

615.9、352.0、251.8 和 176.3。可见，当前不仅城乡居民收入差距较大，农村居民相对于城镇居民，中低收入户与高收入户的收入差距更大。仅从城乡之间、城乡内部收入差距状况的分析，就可以看出，今后应把促进农民农村共同富裕作为促进全体人民共同富裕的重点和难点。要注意引导电商平台和"互联网+"增强链接供求、匹配供给和资源集聚、要素集成、服务赋能作用，提升乡村产业成果转化和创新发展能力。推进创新创业下基层、进农村，以乡村优势、特色产业链为重点，推进产业链、创新链融合发展，助推价值链升级。要鼓励行业协会、产业联盟和龙头企业、科技特派员发挥作用，打造乡村产业增强创新能力的"排头兵"，培育科技创新向产业创新转化的"领头雁"，夯实乡村产业提升质量效益竞争力的"骨干支撑"。

二、乡村产业发展中的问题

近年来，虽然就总体而言，乡村产业发展取得了积极成效，成为推进乡村振兴的重要支撑和增加农民收入的重要来源，也为打赢脱贫攻坚战做出了重要贡献，但在部分地区，乡村产业发展仍然存在各种各样的问题。概括地说，这些问题主要表现在以下几个方面：

1. 将农业发展简单排斥在外，盲目要求农业退出乡村、乡村向城镇看齐

近年来，部分乡村地区将农业发展简单排斥在乡村产业发展的视野之外，抑或只重视农业的生态景观、休闲观光功能，轻视农业的生产功能，推动农业加快退出乡村，或将农业发展置于乡村产业发展的次要乃至依附地位；将农业农村现代化简单等同于农村现代化，不注意推进农业现代化和农村现代化融合发展，甚至简单要求乡村（产业）向城镇（产业）看齐、按城镇标准建设乡村；导致乡村大量耕地撂荒，或被交通道路、厂房、公用设施、休闲旅游场景替代，弄得乡村越来越缺乏乡土味、农耕情，"乡不乡城不城"，甚至乡村越来越像城镇。有的地方脱离资源禀赋和市场需求，盲目推动农民转行发展乡村民宿、休闲旅游或其他非农产业，导致农业由乡村发展的"台前"加速转向"幕后"，甚至趋于消亡。有些地方乡村建设盲目追求"高大上"，甚至用城市思维治理乡村[①]，推动甚至强迫农民集中上楼，导致农民发展庭院经济等乡村产业丧失支撑，也导致农民农产品消费商品化过程提速，影响农民生活质量。有些地方对美丽乡村建设揠苗助长，通过设立过高的环境美化和环境保护指标，加大畜禽禁养限养、秸秆禁烧力度，导致农业农村经济加速单一化、乡村生活加速城市化，稀释了乡村物质文化和精神生活的内涵。

在少数乡村地区，上述举措可能确实促进了农民增收致富，

---

① 刘奇：《别让农民不食人间烟火》，《中国发展观察》2019 年第 20 期。

但且不说其促进农民增收的效果能否持续,就全国多数地区而言,这种撇开农业的乡村振兴往往不具有示范意义和推广价值,并且很容易导致乡村旅游或乡村非农产业发展过多过滥,加剧同质竞争和低水平相对过剩问题。从长期来看,这不利于实现乡村产业的可持续健康发展和农民增收致富,甚至会因前期较大的资源和要素投入,给未来乡村产业发展增加沉没成本或风险隐患。有时很容易让人生疑,这到底是在振兴乡村,还是在消灭乡村?就总体而言,盲目要求农业退出乡村、乡村向城镇看齐,不仅容易让乡村丧失特色和神韵,也容易束缚农民走向共同富裕的步伐。

2. 片面追求扩大乡村产业组织规模,抬高农民参与乡村产业发展的门槛

进入21世纪以来,许多地方把推进农业土地规模经营作为加快农业发展方式转变的重要途径,导致耕地向种养大户和新型农业经营主体集中的水平,在总体上呈现提高趋势[1]。就总体而言,农户土地经营规模的扩大,在一定限度内有利于促进现代农业科技的推广应用,提高农业土地生产率和劳动生产率。在今后相当长的时期内,土地规模经营和服务带动型规模经营应该是我国发展农业适度规模经营的两条重要路径,并保持竞争发展、优势互

---

[1] 2020年,在全国农户中,未经营耕地的农户数占11.8%,经营耕地但低于10亩的农户数占73.3%,经营耕地10—30亩、30—50亩的农户数分别占10.7%、2.6%;经营耕地50—100亩、100—200亩和200亩以上的农户数分别占1.1%、0.4%和0.2%,分别较2018年增长2.9%、4.3%和7.1%。同年,全国土地经营权流转面积5.32亿亩,较上年增长4.3%,占家庭承包经营耕地面积的34.1%。资料来源为农业农村部政策与改革司编《2020年中国农村政策与改革统计年报》,中国农业出版社2021年。

补态势。如果农业土地经营规模的扩大主要依靠农户之间的自愿流转,农户转出土地的进展往往与其在非农产业就业渠道的拓展相适应;那么,这种农业土地经营规模扩张的过程,可能伴随着土地转入、转出双方收入水平的提高,有利于实现农民农村共同富裕。但是,也有部分土地流转是以工商资本为主导,通过大规模连片化流转实现的。相对于通过农户间土地流转形成的农业规模经营,通过工商资本大规模连片流转土地实现的农业规模经营,容易拉动土地成本的迅速提高[1],增加农业经营风险,强化农业生产"非粮化"倾向。这种以工商资本为主导的大规模连片土地流转,往往有地方政府推波助澜,容易导致小农户脱离农业的进程被人为提速,容易形成土地流转和农民脱农过快过猛的问题。比如部分地区通过下任务、定指标、设奖惩等方式,要求乡村在一定期限内完成一定规模的土地集中任务;部分地区强力推进乡村集中和农民集中上楼、撤村并居步伐过快过猛,有意无意地加大农民从事农业生产的不便,导致农民被迫远离农业、转出耕地或将耕地托管给服务组织,为加快扩大土地经营规模创造条件。在

---

[1] 以稻谷、小麦、玉米三种粮食平均为例,2008年到2019年,每亩总成本由562.42元增加到1108.89元,增加了97.2%;每亩现金收益由434.25元增加到540.89元,仅增加24.6%;同期,每亩土地成本由99.62元增加到233.25元,增加了134.1%,增幅接近同期人工成本增幅(136.2%),但明显高于物质与服务费用增幅(60.6%)。尤其是2013年到2019年,三种粮食平均每亩总成本增幅明显放缓,从1026.19元增加到1108.89元,增幅为8.1%;每亩现金收益还有所减少,从625.34元减少到540.89元,降幅达13.5%;但每亩土地成本从181.36元增加到233.25元,增幅为28.6%,增幅明显快于物质与服务费用(增加11.3%)和人工成本(下降3.8%)。根据国家发展和改革委员会价格司编《2020全国农产品成本收益资料汇编》整理,中国市场出版社2021年。

此过程中，如果农民就业渠道的开拓和就业能力的提升慢于农民脱离农业的步伐，很容易导致部分农户难以通过非农就业增收空间的开拓，有效填充农业就业增收空间的收缩，加大其实现就业增收和共同富裕的难度。在部分地区，地方政府强力推动发展农业土地托管，导致农户区域性群体性让渡农业土地经营权，加速形成新型服务主体对小农户发展农业的替代效应，也会推动小农户与现代农业发展加快脱轨[①]。在此背景下，如果小农户脱离农业后拓展就业渠道、提升就业能力进展较慢，也容易导致部分小农户在走向共同富裕的进程中，成为掉队落伍者或旁观者、局外人。

推动乡村企业扩大经营规模，引导督促乡村产业加快企业化、专业化、规模化转型，往往是加快乡村产业发展方式转变的重要途径。近年来，许多地方节能环保压力加大，也是推动乡村产业加快企业化、专业化、规模化转型的重要动因。但是，也有部分地区片面强调乡村产业的企业化、专业化、规模化转型，对乡村特色资源开发和综合利用重视不够，对乡村小微企业特别是非正式组织发展富有特质资源禀赋、民俗文化底蕴和乡土创意内涵的乡村产业重视不够，也在很大程度上制约了乡村经济的多元化综合化发展，影响乡村就业增收渠道的开拓和乡村产业竞争优势的培育。比如，许多富有农耕文化内涵、民族特色和地域特质的乡村创意文化产品、风味食品和柳编、草编等手工技艺，市场规模未必很大，但往往有较强的珍稀性、工艺性、观赏性，文化内涵

[①] 姜长云：《做好"健全面向小农户的农业社会化服务体系"大文章》，《中国发展观察》2020年第Z2期。

和消费体验独特，可以较好地满足个性化、差异化、零星小量的细分市场消费需求，并转化为乡村产业发展机会。过度强调乡村产业的企业化、专业化、规模化发展，容易导致农民农村丧失通过开发长尾市场[①]实现就业增收的机会。

3. 片面追求行业规模扩张和数量增长，加剧同质竞争和产能过剩问题

近年来，我国许多特色农业和乡村产业片面追求规模扩张和数量增长，导致无效供给增加、同质竞争加剧、质量效益下降的问题日趋凸显。如 2000 年我国茶叶、水果产量分别为 6.83 亿千克和 622.51 亿千克，2019 年分别增加到 27.77 亿千克和 2740.08 亿千克，19 年间分别增加了 3.07 倍和 3.40 倍，分别年均递增 7.7% 和 8.1%。从 2000 年到 2019 年，按年末人口计算，我国人均茶叶、水果产量分别由 0.54 千克增加到 1.97 千克、由 49.13 千克增加到 194.33 千克。2019 年，我国人均蔬菜、瓜果以及苹果、柑橘、梨、葡萄、香蕉等水果产量分别已达 511.37 千克、59.31 千克和 30.09 千克、32.51 千克、12.28 千克、10.07 千克、8.27 千克，人均园林菠萝、红枣和柿子产量分别为 1.23 千克、5.29 千克和 2.34 千克。而且在这些产品中，多数出口比例并不是很高。仍以 2019 年为例，我国蔬菜、茶叶产量分别为 72102.57 万吨和 277.72 万吨，而

---

① 长尾市场即那些需求不旺或销量不佳产品所共同构成的市场，它们看似很小，微不足道，但往往能积少成多、集腋成裘、聚沙成塔。参见 https://doc.mbalib.com/tag/长尾市场

蔬菜、茶叶出口量分别仅为 979 万吨和 36.7 万吨，分别相当于同年产量的 1.4% 和 13.2%[①]；蔬菜贸易顺差尚有 145.4 亿美元，水果贸易逆差却达 29.1 亿美元[②]。随着产业规模的扩张和数量的增长，许多乡村产业包括特色农业大而不强的问题迅速凸显。有些特色农业规模的扩张，还伴随着从产品生产适宜区向次适宜区甚至不适宜区的转移，导致总体品质下降、品质分化加剧、竞争力弱化，甚至部分优质产品生产的发展遭遇劣质产品品质和声誉下降的拖累。比如，近年来我国已成为世界上猕猴桃种植规模最大、总产量最多的国家，但许多从事猕猴桃种植的农民却收入堪忧，许多地方的猕猴桃因"放烂不熟，口味寡淡"成为众多消费者口诛笔伐的"劣果"，优质果品少、单位效益低问题凸显[③]。

片面追求规模扩张和数量增长的现象，在乡村非农产业中也是比较严重的。比如，许多地方不顾资源禀赋、市场需求、原料支撑和比较优势，盲目兴办乡村产业园区和乡村产业项目，甚至不惜下任务、定指标、密集考核，导致乡村企业同质竞争加剧，农产品原料供给难以有效支撑加工能力扩张和品质提升的需求，加剧乡村企业规模小、层次低、竞争力弱的问题。有些乡村产业项目盲目追求"高大上"，出现"市长认可，但市场不认可"、"愿景很好，落地很难"或"盆景难以转化为风景"的问题，缺乏可

---

① 根据国家统计局农村社会经济调查司编《2020 中国农村统计年鉴》相关数据整理，中国统计出版社 2020 年。
② 农业农村部国际合作司：《2019 年我国农产品进出口情况》，http://www.gjs.moa.gov.cn/ncpmy/202004/t20200430_6342847.htm
③ 依农看天下：《中国猕猴桃，一个产业处境极其尴尬的水果》，[2021-10-14].https://www.163.com/dy/article/GMA9GTA70552G0JL_pdya11y.html

持续发展能力。近年来，我国农村第一、二、三产业融合发展迅速推进，对于促进农民就业增收和提升农民参与发展能力开始发挥重要作用。但是，随着农村第一、二、三产业融合发展的深化，区域之间同质竞争、产能过剩和质量效益竞争力提升困难的问题也在迅速凸显，尤以休闲农业和乡村旅游为甚。相当一部分休闲农业和乡村旅游设施投资大、见效慢、投资回收期长，但服务质量、消费体验和特色品位不够，难以形成文化和旅游吸引力，也难以形成对农业提质增效的带动效应。有些地方简单复制先行地区的发展路径，照猫画虎，亦步亦趋，不注意市场开拓和品牌、特色的打造，更不注意研究市场供求的动态变化，导致区域产业规模扩张过快，项目投产之日就是开始亏损之时。有的农产品加工项目本意是通过"公司+农户"方式带动农民增收致富，结果却因加工项目经营失利，导致农户参与的农产品原料基地建设难以为继，出现农产品原料"卖难"和农业减收问题；甚至前期从事农产品原料种植的大量投入形成沉没成本，加剧农民走向共同富裕的艰难和迷茫情绪。

4. 营商环境和基础设施、公共服务亟待改善，头部企业辐射带动力亟待提升

相对于城镇，农村地域空间分散，基础设施和公共服务环境较差，容易加大企业运行成本和发展风险，妨碍人才和优质要素进入乡村产业，影响市场渠道的开拓和价值链升级；也容易导致营商环境成为乡村产业、乡村企业发展面临的瓶颈制约，影响乡

村产业质量、效益、竞争力的提升，而这又会进一步影响乡村产业、乡村企业对优质资源和要素的吸引力。因此，许多地处乡村的农业产业化龙头企业产业链条短，产业层次低，创新能力、赢利能力和品牌影响力弱，经济实力和抗风险能力差且发展后劲不足，对周边小微企业带动能力弱。近年来，随着劳动力成本和劳动力对就业环境要求的迅速提高，许多乡村企业招工难、工资侵蚀利润问题凸显，招收青工和技工难的问题更为严重[①]。尤其是面对经济下行压力和新冠肺炎疫情防控的考验，许多乡村企业容易出现资金链断裂、产能利用率下降甚至停产、倒闭等问题。这与营商环境和基础设施、公共服务供给等方面的短板制约密切相关。比如，许多乡村企业产品结构单一、营销渠道不畅，一个重要原因是相关公共创新和营销服务平台建设滞后。近年来，在行业集中化、品牌化步伐加快的背景下，许多乡村企业难以成为行业头部企业，并容易因行业竞争或头部企业的围剿，导致经营状况加速滑坡。乡村营商环境和基础设施、公共服务供给方面的缺陷，也是重要原因。部分地区农业农村基础设施投入不足，加之许多重大灾害往往突发性强、转折性大，甚至多灾并发，容易加大乡村产业的运行风险。

此外，在许多地方的乡村产业发展中，缺乏具有行业影响力和辐射带动能力的头部企业，影响乡村企业竞争合作关系的优化和产业链供应链升级。头部企业与一般企业之间、乡村企业与农

[①] 姜长云、张义博、芦千文：《当前农业产业化龙头企业发展形势及相关建议——基于对安徽省 C 市的调研》，《全球化》2019 年第 6 期。

户之间利益联结机制不健全，也影响乡村企业带动农民走向共同富裕的效果。有些地方对乡村企业行为缺乏有效的社会责任约束和负面清单管理制度，很容易导致乡村企业倾向于"有水快流"，对乡村资源要素采取掠夺性经营，甚至将破坏耕地、损害生态环境的后果转嫁到乡村区域和农民手中。有些地方在乡村企业发展中，只注意带动农民增收，不注意带动农民提升参与发展能力，导致农民增收高度依赖相关财政支持项目。待项目结束后，农民收入很快回归从前。比如，有些地方政府通过财政补贴、财政贴息等方式支持乡村企业发展，前提是享受这些优惠政策支持的乡村企业需将财政补贴或优惠贷款作为低收入农户入股资金，按固定股息给农民分红，却缺少带动农民增强发展能力的有效机制。近年来，推动农业农村经济数字化转型日益引起重视，但是在此过程中，对于"赢者通吃"和"少数人迅速得益，多数人被迫埋单"现象如何形成有效的制衡机制，如何帮助农民特别是小农户有效解决参与数字化转型能力短缺的问题，在许多地方并未引起重视。这都会妨碍农民走向共同富裕的进程。

5. 乡村产业支持政策的针对性和有效性不足，优化市场调控仍需不懈努力

近年来，国家支持乡村产业发展的政策频繁出台，乡村产业发展的政策环境不断改善。如 2021 年 9 月出台的《农业农村部办公厅 中国农业银行办公室关于金融支持农业产业化联合体发展的意见》、2021 年 10 月出台的《农业农村部关于促进农业产业化

龙头企业做大做强的意见》、2021年11月出台的《农业农村部关于拓展农业多种功能　促进乡村产业高质量发展的指导意见》，政策导向鲜明，具有较强的针对性和可操作性。但就总体而言，这些政策实际作用的发挥客观上需要经历一个渐进过程。就当前而言，乡村产业发展的支持政策仍然存在以下不足：一是在政策支持上过分重视引导乡村产业组织做大做强，对鼓励头部企业或经营主体在提升产业链供应链现代化水平、带动农民农村共同致富方面发挥引领带动作用重视不够；二是对支持乡村小微企业和庭院经济、手工作坊等乡村产业非正规组织，鼓励其发展乡村特色经济带动农民共同富裕重视不足，在支持市场营销、创新服务、质量检测等相关服务体系和公共服务平台建设上亟待加强；三是对电商平台的压级压价和失信行为缺少有效的制衡机制，影响乡村企业提升推动品种培优、品质提升、品牌打造、标准化生产的积极性；四是部分支持政策缺乏有效的实施机制，仍然存在"政策好、落实难"的问题，增强政策的针对性和有效性仍有很大潜力可挖。如随着产业融合的深化，许多乡村产业对中长期资金的需求迅速增长；而随着经济下行压力的加大和企业经营风险的增加，银行对企业限贷、惜贷、抽贷等行为有所强化。在此背景下，银行对企业现有的"短债长用""借新还旧"信贷模式，容易导致企业资金链断裂的问题迅速凸显。亟待财政、金融部门合作，探索加强对乡村企业中长期资金支持的方式和路径。

此外，近年来国内外发展环境的不稳定不确定性明显增加，新冠肺炎疫情增加了国内外发展环境的不稳定不确定性，给优化乡村产业发展的市场调控增加了新的难题。在此背景下，优化乡村企业发展的市场调控至关重要。但是，在乡村企业发展中，部分政策调整和市场调控举措，就单项政策出台而言，具有必要性和合理性；但因政府不同部门之间缺乏统筹协调，容易因政策叠加导致用力过猛或"急刹车、猛给油"的问题，加剧市场供求和价格波动。还有一些政策由于前瞻性不足，加之政策落地见效的滞后性，容易导致顺周期调节的问题，放大经济运行波动。此外，当今世界数字经济日新月异，但是，利用数字技术优化农业和乡村产业发展的市场调控，在总体上仍然刚刚起步，亟待加强引导支持，为促进乡村产业高质量发展服务。

三、出好几张牌

1.高度重视农业在经济发展和乡村振兴中的功能作用，采取有效措施促进农业农村经济多元化综合化融合化发展

发展经济学家很早就关注到农业在经济发展过程中的产品贡献、市场贡献、要素贡献和外汇贡献。近年来农业多功能性日益受到多数国家的重视，成为丰富乡村功能价值的重要途径。因此，将小农户推动农业增长的作用，与农业的经济、社会、文化、环境调节功能协调衔接起来日益显得重要。甚至农业本身就是环境，也是农耕文化的载体和社会风险的消融器。2007年中央一号文件指出，"农业不仅具有食品保障功能，而且具有原料供给、就业增

收、生态保护、观光休闲、文化传承等功能。建设现代农业，必须注重开发农业的多种功能"。《乡村振兴战略规划（2018—2022年）》提出，"乡村是具有自然、社会、经济特征的地域综合体，兼具生产、生活、生态、文化等多重功能，与城镇互促共进、共生共存"。农业对发挥乡村的这些功能作用，往往具有不可或缺的作用。因此，农业乃至部分农业关联产业往往是乡村产业的重要组织部分，甚至是多数地区乡村产业不可或缺的内容，对发挥乡村独特功能具有不可替代的重要作用。从国际经验来看，在许多乡村地区，农业可以成为农村人口特别是贫困人口或老年人口的一种谋生手段、维持生存之本甚至一种生活方式；农业通过其对环境的影响，还可以提供多样化的生态功能[1]。农业在为部分乡村居民提供物质财富的同时，也可以促进其身心健康和精神愉悦，助推农民更好地参与走向共同富裕的进程。

根据工业化、城镇化演进规律，经济发展或推进现代化的过程，往往伴随着农业在国民经济中比重的下降，在此过程中部分农业退出乡村、部分乡村融入城镇是难免的[2]。但是，至少就全国多数地区而言，在推动乡村振兴的过程中，农业比重的下降应该

---

[1] 姜长云：《论农业生产托管服务发展的四大关系》，《农业经济问题》2020年第9期。
[2] 1978年我国农业占GDP比重为27.9%，2020年下降到8.0%；第一产业占就业人员的比重从1978年的70.5%，下降到2020年的23.6%。此处农业按农林牧渔业口径，注意农林牧渔业包括农林牧渔专业及辅助活动，而农林牧渔专业及辅助活动属于第三产业，在农林牧渔业中扣除农林牧渔专业及辅助活动即为第一产业。因此，农林牧渔业统计口径较第一产业更大，但二者相差不大。以2020年为例，农林牧渔业和第一产业占GDP比重分别为8.0%和7.7%，二者差距即农林牧渔专业及辅助活动占GDP比重为0.3%。现行《中国统计年鉴》或《中国统计摘要》无农林牧渔业或农林牧渔专业及辅助活动的就业人员数据。

是一个循序渐进的过程，可以与农业总量规模的增长并行不悖，至少不能以农业功能作用的绝对下降和农业总量规模的绝对萎缩为前提，更不能盲目要求农业退出乡村。何况，推动乡村振兴的过程，既是一个推动乡村发展的过程，也是一个推动乡村独特功能得到有效发挥的过程[1]。农业农村现代化是实施乡村振兴战略的总目标，农业现代化是农业农村现代化之"根"，推进农业农村现代化只能加强、不宜淡化或偏离农业现代化。"农为邦本，本固邦宁"，稳住农业基本盘，可以为构建新发展格局、促进农民农村共同富裕提供"压舱石"。在全面推进乡村振兴的过程中，应该努力做好加快推进农业现代化的文章，夯实粮食和重要农产品有效供给保障，增强农业对农民就业增收的带动能力。

从国内外经验来看，推进农业现代化要顺应农业专业化、规模化发展的大趋势，提升农业质量效益竞争力。但是，与此同时，推进农业和农村经济多元化综合化融合化，不仅有利于激发农业乡村的生产、生活、生态、文化等多重功能，防止农业农村经济陷入萧条衰败，还有利于农民、农村特别是历史文化厚重的欠发达地区和脱贫地区加快走向共同富裕的进程。对相当一部分农民特别是外出就业比较困难的农民来说，从事农业就业壁垒低，更容易融入长期生于斯、长于斯的乡土社会，形成对乡村的本土根植性和产业亲和力。许多乡村产业立足农业、依托农村，与农业有着千丝万缕的联系。联农带农是乡村产业发展应该注意发挥的

---

[1] 姜长云、张义博、芦千文：《当前农业产业化龙头企业发展形势及相关建议——基于对安徽省C市的调研》，《全球化》2019年第6期。

比较优势。发展这些乡村产业，有利于夯实农业基本盘，促进产业循环和城乡循环，也有利于促进农民就业增收。推进农业农村经济多元化综合化融合化，要注意顺应环境变化和发展要求应变局促新局，又要注意脚踏实地求真务实；要在鼓励培育新产业新业态新模式的同时，避免随意踩踏传统业态的发展空间，注意引导新产业新业态新模式对乡村产业传统业态模式加强渗透和改造，促进二者融合发展，合力带动农民增收致富。如在许多欠发达地区特别历史文化厚重的脱贫地区，就小农户而言，发展庭院经济既是一种生产方式，又是一种生活方式。在农村人口老龄化不断加重的背景下，鼓励农民发展庭院经济，不仅有利于提高农民生活质量，拓展农民就地就近就业增收的路径，丰富农民美好生活的内涵；还有利于农民规避商品化农业滥施化肥、农药等问题，防止其影响农产品质量。要结合完善财政支持政策，鼓励欠发达地区特别是山区、脱贫地区和富有历史文化的乡村地区，加强对发展庭院经济的财政信贷支持，帮助农户更好地融入走向共同富裕的进程。

2. 引导不同类型产业组织公平竞争、优势互补，将鼓励领航企业、新型经营主体增强引领带动作用同加强对小微企业等乡土特色经济的支持结合起来

在推进乡村振兴的过程中，不同类型的乡村企业具有不同的功能作用。比如，乡村头部企业往往经济实力较强，在技术、标准、品牌、质量、服务等方面具有较强竞争优势，对行业发展和

转型升级可以发挥重要引领、辐射和示范带动作用。头部企业做大做强，往往较好地体现了效率导向。但从宏观层面，特别是中观的区域或行业层面来看，过度强调支持企业做大做强，甚至不惜挤压小微企业和乡村非正式产业组织的生存空间，未必有利于提升宏观或中观层面的效率，并且不利于广大农民、农村更好地融入走向共同富裕的进程。小微企业甚至庭院经济、手工作坊等乡村非正式产业组织，在利用乡村特质资源、发展乡土特色经济方面，往往具有大企业难以替代的优势和功能作用，对带动农民就业增收具有较强亲和力。在作为乡村产业重要组成部分的农业中，情况也是如此。无论是在种植业还是在畜牧业中，小农户往往是维护粮食安全和保障重要农产品有效供给的积极力量。近年来，许多农牧业行业价格波动加剧，与推进其产业组织规模化进展较快有很大关系[1]。有人看不上小微企业，特别是庭院经济、手工作坊等乡土特色经济的发展方式，将其等同于城市的"地摊经济"。发展"地摊经济"在促进共同富裕中的作用恰恰应该引起重视。因为地摊经济往往是低收入者最后的"饭碗"，是其应对风险最后的体面和韧性所在；对于维护乡村社会的乡土味，对于降低居民生活成本，也有重要意义。

应注意引导不同类型的乡村企业和产业组织公平竞争、优势

---

[1] 小农户往往既是生产单元，又是消费单元；在以小农户为主的背景下，农业政策往往既是产业政策又是社会政策。相对于小农户，种养大户、家庭农牧场等新型农业经营主体的经营行为往往表现出更强的商品化倾向，对农产品价格的变化较为敏感，更容易因此作出迅速缩减或扩大农产品生产的决策选择。因此，许多地方推动农牧业规模经营过快过猛，容易加剧农产品市场供求和价格波动。

互补，协同推动乡村产业优质高效发展。比如，要注意引导头部企业在提升产业链供应链现代化水平、推动大中小企业融通发展、加强乡村企业产业生态建设等方面，发挥引领带动作用。同时，要通过加强信贷支持和对市场营销、创新服务、质量检验检测等服务体系、公共平台建设的支持，创新支持方式，加强对小微企业和庭院经济、手工作坊等乡土特色经济发展的支持，帮助农民农村拓展参与共同富裕的渠道。当然，对乡村企业等产业组织的支持，应注意同建设高标准市场体系的要求对接起来。头部企业或新型经营主体做大做强是企业自身的事，过度强调支持企业做大做强，有违公平竞争原则。但是，支持企业通过做大做强，更好发挥对提升产业链供应链现代化水平、促进产业转型升级的引领带动作用，同支持小微企业、庭院经济、手工作坊等发展乡土特色经济一样，具有较强的公益性，符合公平竞争审查的例外规定，应是创新乡村产业支持政策的重要方向。此外，创新对乡村产业组织的支持政策，应同鼓励企业推动品种培优、品质提升、品牌打造和标准化生产结合起来，借鉴国际经验，加强对互联网平台低价倾销和掠夺性定价行为的规制；探索设立诚信底线或社会责任底线，加强对直播卖货、电商直播平台和电商平台的规制管理，引导其扬长避短，更好发挥对乡村产业高质量发展的引领带动作用，也是重要的。要鼓励探索财政、金融协同支持乡村产业发展的路径，引导督促国家开发银行、中国农业发展银行加强对乡村产业发展的支持，带动金融系统增加对乡村产业发展的中长期资金支持；鼓励地方财政支持政策和金融、保险、担保等部门协同发力，探索通过设立农村小微企业和乡土特色经济风险担保基金等方式，帮助农民降低对创新创业风险的担忧，增强抵御风险的韧性。

优化对乡村产业发展的政策支持和市场调控，还需注意加强政府各部门之间的统筹协调，引导市场调控增强前瞻性和有效性，多用政策"文火"，少下政策"猛药"，努力规避因政策同向叠加发力形成"急刹车，猛给油"的问题。要结合增强政策的超前性和预见性，鼓励创新政策加快落地见效的方式，努力规避因政策顺周期调节放大经济运行波动。此外，如何利用数字技术优化农业和乡村产业发展的宏观调控，目前在总体上还处于概念和局部探索阶段。要加强这方面的引导支持，鼓励开展相关试验示范。也要鼓励城乡服务组织利用数字技术成果，探索促进乡村产业优质高效发展的方式。

3. 顺应消费结构升级和需求分化趋势，注意推进乡村产业适地适度发展

按人民币对美元平均汇率计算，2019 年我国人均 GDP 跨越 1 万美元大关，2020 年和 2021 年分别达到 10500 美元和 11220 美元。从国际比较来看，当前我国居民收入差距较大。随着居民收入水平的提高，消费结构升级和消费需求分化日益深化，呈现个性化、多样化和优质化、绿色化、服务化趋势。如从产品需求来看，消费需求日益走向专用化、方便化、特色化、优质化、精致化、安全化、品牌化和体验化。从食品需求来看，日益重视营养、绿色、风味、口感和保健、滋补等功能。因此，包括农业在内的乡村产业发展应该顺应消费市场日益细分，特色市场、细分市场、小众市场重要性迅速凸显的趋势，注意打造特色竞争优势，提升品质品牌品位，努力以差异化、特色化取胜。以农业为例，要在重视常规农业发展、保障粮食安全和重要农产品有效供给的同时，更加重视特色农业发展及其竞争优势的培育。再考虑到"十四五"期间，我国人口总量增长已明显放缓，2021年年底已进入人口中度老龄化社会，65岁以上人口占总人口的比重已达14.2%，规模超过2亿人。在此背景下，乡村产业发展要注意跳出片面追求规模扩张和数量增长的思维局限，推动适地适度发展，做好稳量提质增效甚至减量提质增效的文章。

实际上，随着产业发展中消费者主权的强化，区分乡村产业的主导产品到底是属于大众市场还是小众市场，其重要性也在迅速凸显。因此，乡村产业发展要注意因类制宜、分类施策，注意采取不同的产业发展甚至品牌建设思路。乡村产业的产品生产，有的适合打造区域品牌或行业品牌，有的只宜打造企业品牌或产品品牌。要注意引导特色农业和乡土特色产业瞄准细分市场，拓展发展空间。有的乡村产业应该加快高新技术改造传统产业，有的则应注意培育传统产业的文化内涵和体验价值。更多的乡村产业发展，则应在培育乡村新产业新业态新模式的同时，注意推动新产业新业态新模式与传统产业融合发展、协同提升。说到乡村产业的品牌建设，近年来应该说日益引起广泛重视。但如何防止剧场效应（专栏6-1），导致各企业、各地区推进品牌建设各自为战，转化为相互之间打消耗战的问题，日益需要引起重视。

> **专栏 6-1　剧场效应**
>
> 一个剧场里，大家都在看戏，每个人一个座位，每个人都能看到演出。突然，第一排的某个人为了看得更清楚，选择站起来看戏，但这影响到周围人特别是身后人看戏。对此，剧场管理员也不管。于是，其他人为了看到演出，也被迫选择站起来看戏。最后，全剧场的人都被迫从坐着看戏转为站着看戏。剧场效应说的是，由于个体成员追求自身利益最大化，导致其他成员纷纷效仿，从而引发集体秩序失衡、整体利益受损的状况。也有人用另外一个例子来说明剧场效应。剧院突然着火了，每个人都选择快速跑出去，导致的结果是大家都拥堵在大门口出不去，造成集体悲剧。
>
> 资料来源：参见 https://wiki.mbalib.com/wiki/剧场效应。

4. 强化乡村产业发展的底线思维和风险防范，更好带动农民农村共同富裕

当前，乡村产业发展环境的不稳定不确定性明显增加，加强乡村产业发展风险的防范和化解工作日趋重要。可借鉴中小企业信用担保风险补偿机制建设的思路，鼓励探索建立乡村企业融资风险补偿机制，借此激发城乡居民和投资者在乡村创新创业的积极性。许多脱贫地区虽然摆脱了绝对贫困，但脱贫的脆弱性仍然较强，要结合实现巩固拓展脱贫攻坚成果同乡村振兴有效衔接，重点加强对脱贫地区乡村产业发展风险的防范和化解工作。要鼓励加强乡村产业生命周期和竞争者行为的研究，为防范化解乡村产业发展风险提供预案；鼓励探索综合利用人工智能、大数据等现代数字技术，加强乡村产业发展风险的超前预警和防范化解工作。要坚守保障粮食安全底线、防止发生规模性返贫、不对农民利益和生态环境形成实质性损害三条底线，鼓励探索建立乡村产业发展的负面清单。要结合鼓励乡村企业和新型农业经营主体完善利益联结机制，引导督促其将带动农民增收与加强农民培训、帮助农民提升参与发展能力结合起来。

就通常情况而言，一群人在离岸几十米远的海水中玩，水位较高时，哪个人身材好，哪个人身材不好，往往很难看得清楚，除非他故意漂在水面让你看清楚。但如水位降得很低时，每个人的身材往往可以一览无余。企业发展中的问题也是这样。当经济形势较好，经济增长速度较高甚至处于增速上行阶段时，乡村企业自身一般的问题容易被掩盖，许多问题甚至很难看到。但当经济下行压力较大时，乡村企业的许多小问题就很容易转化为大问题，甚至让人感到企业"一身是病"。要注意引导龙头企业和其他市场主体加强风险防范，培育诚信意识和社会责任意识，增强抵御自然风险和市场风险的能力。要加强对行业协会、产业联盟等行业组织的支持，鼓励龙头企业同行业协会、产业联盟、农民合作社、乡村服务组织和乡村其他市场主体合作，协同增强县域产业应对环境变化和市场风险的能力。完善联农带农的利益机制，还要注意鼓励龙头企业、行业协会、产业联盟因地制宜，优选建立紧密型利益联结机制的时度效，更加重视增强利益联结机制的稳定性和可持续性。加强对县域产业发展的负面清单管理，引导城市企业、外来资本扬长避短、趋利避害，从机制上规避县域产业发展"富了资本，坑了老乡"的问题，培育县域产业特别是外来资本与农民农村的互惠共赢关系。推动农业关联产业在县域内适度优先发展，增强县域产业本土根植性和抗风险能力。

此外，结合统筹城乡发展空间、优化乡村发展布局，稳慎优化农业农村发展的空间组织形式和城乡国土空间开发关系，引导城乡产业培育分工协作和产业链梯度发展关系，对于发挥城市产业转型升级对乡村产业转型升级的引领带动作用，夯实乡村产业发展的人才支撑，也都具有重要的战略意义。

第七章

把控粮食安全风险

"国以民为本,民以食为天"。粮食安全是"国之大者"。以习近平同志为核心的党中央坚持底线思维,重视统筹发展和安全,强调要"善于预见和预判各种风险挑战,做好应对各种'黑天鹅''灰犀牛'事件的预案,不断增强发展的安全性"[①]。近年来中央反复强调围绕做好"六稳"工作、落实"六保"任务,把防风险、打基础、惠民生、利长远的改革有机统一起来,其中就包括保粮食能源安全,蕴含着要防范粮食安全风险之意。在党的二十大报告中,习近平总书记强调,"我们必须增强忧患意识,坚持底线思维,做到居安思危、未雨绸缪,准备经受风高浪急甚至惊涛骇浪的重大考验""坚决维护国家安全,防范化解重大风险,保持社会大局稳定"。那么,应该怎样看待我国的粮食安全风险呢?我国需要不需要关注国际粮食安全风险的传导问题?对粮食安全风险把控得当,有利于推进我国农业强国建设行稳致远,不出现转

---

① 习近平:《论把握新发展阶段、贯彻新发展理念、构建新发展格局》,中央文献出版社 2021 年版,第 505 页。

弯绕道。

一、认识粮食安全风险

新中国成立以来,我国解决粮食安全问题取得显著成效,成功解决了14亿中国人的吃饭问题,实现了由"吃不饱"到"解决温饱"再到"全面建成小康社会"的历史性跨越,"谷物基本自给,口粮绝对安全"稳定实现。以习近平同志为核心的党中央更加重视粮食安全问题,要求"中国人的饭碗任何时候都要牢牢端在自己手上",要"扛稳粮食安全这个重任"[①]。在2020年12月28日的中央农村工作会议上,习近平总书记又强调,"牢牢把住粮食安全主动权""不能把粮食当成一般商品,光算经济账、不算政治账,光算眼前账、不算长远账"[②]。在2021年12月中共十九届中央政治局常委会会议专题研究"三农"工作时,习近平总书记进一步强调,"应对各种风险挑战,必须着眼国家战略需要,稳住农业基本盘、做好'三农'工作""保障好初级产品供给是一个重大战略性问题,中国人的饭碗任何时候都要牢牢端在自己手中,饭碗主要装中国粮"[③]。2021年12月召开的中央农村工作会议进一步强调,"牢牢守住保障国家粮食安全和不发生规模性返贫两条底线"。

---

① 中共中央党史和文献研究院:《习近平关于"三农"工作论述摘编》,中央文献出版社2019年版,第70、88页。
② 习近平:《习近平谈治国理政(第四卷)》,外文出版社2022年版,第395、397页。
③ 习近平:《论"三农"工作》,中央文献出版社2022年版,第327页。

可见，近年来，我国保障粮食安全的政策环境明显优化。

实际上，无论是在国内还是在国外，粮食安全风险一直是广受政府和学者关注的热点问题。国内已有研究主要从供给、需求、价格、贸易等方面对粮食安全风险进行了深入探讨。目前，全球粮食安全面临多重风险，在传统粮食安全风险继续存在的同时，非传统粮食安全风险进一步凸显，二者交织叠加的特征更加鲜明。如国际地缘政治格局不稳、贸易保护主义抬头、自然灾害与极端气候频发、各类病毒疫情广泛传播、农产品金融化不断深化等，都严重威胁全球粮食生产和粮食市场的稳定性。从全球粮食贸易方面来看，Huang J. 等（2018）发现，阿根廷、澳大利亚、巴西、加拿大、新西兰、泰国和美国 7 个国家的粮食净出口量占全球粮食净出口量的 55% 左右，这些少数国家的生产和消费行为对国际粮食价格水平和市场稳定有很大影响[1]。朱晶等（2021）认为，全球粮食贸易呈现出高度依赖少数大型粮食净出口国的态势，一是容易形成卖方市场势力，导致出口国可能会把粮食禁运作为武器来制约进口国[2]；二是出口国一旦突然发生重大疫情、疾病、自然灾害或出现政局不稳定等突发事件，极易诱发全球粮食市场供给紊乱，进而暴发世界范围的粮食供应短缺或粮食价格危机。此外，国际石油价格、生物质能源发展、金融投机资本等非传统因素对

---

[1] Huang J, M Piñeiro, V Piñeiro, 2018. Global Food Security and Market Stability: The Role and Concerns of Large Net Food Importers and Exporters, 2018. https://www.g20-insights.org/wp-content/uploads/2018/07/global-food-security-and-market-stability-the-role-and-concerns-of-large-net-food-importers-and-exporters-1532354724.pdf.

[2] 朱晶、臧星月、李天祥：《新发展格局下中国粮食安全风险及其防范》，《中国农村经济》2021 年第 9 期。

国际粮食市场及价格的影响日益显著，加剧了国际市场粮食价格的不确定性、波动性和风险性[①]。

针对中国粮食安全风险，从粮食供求来看，区域性失衡问题突出，粮食生产向主产区集中、生产重心持续向北方转移[②]，这种发展趋势明显增加了粮食主产区的资源环境压力，不利于全国各个区域之间的协调发展[③]。同时，外部环境的不确定性风险也威胁着主产区粮食生产安全。一旦发生自然灾害或重大疫情，可能会影响到全国粮食安全形势，增加中国未来粮食安全保障的风险隐患[④]。从生产约束条件来看，水资源短缺、耕地质量下降是中长期中国粮食安全面临的最大挑战。从饲料粮供求形势看，有些专家认为，中国面临畜产品需求不断增长和饲料粮（玉米和大豆）生产优势不断下降的挑战，饲料粮进口压力将不断加大，中国未来面临的粮食安全问题将是饲料粮安全[⑤]。

近两年来，全球粮价迅速上涨，粮食安全风险问题也被炒得沸沸扬扬。到2021年年底，全球食品和谷物价格指数分别创10年和9年来新高。面对当今世界百年未有之大变局和新冠肺炎疫

---

① 倪洪兴：《开放视角下的我国农业供给侧结构性改革》，《农业经济问题》2019年第2期；程国强：《警惕投机资本炒作粮食市场》，《经济日报》2020年4月8日第3版；朱晶、李天祥、臧星月：《高水平开放下我国粮食安全的非传统挑战及政策转型》，《农业经济问题》2021年第1期。
② 钟钰、洪菲：《构建粮食主产区发展补偿机制的思考》，《中州学刊》2019年第6期。
③ 罗万纯：《中国粮食安全治理：发展趋势、挑战及改进》，《中国农村经济》2020年第12期。
④ 崔宁波、董晋：《主产区粮食生产安全：地位、挑战与保障路径》，《农业经济问题》2021年第7期。
⑤ 黄季焜：《对近期与中长期中国粮食安全的再认识》，《农业经济问题》2021年第1期。

情全球蔓延的交织叠加，我国发展的外部环境更趋复杂严峻并充满不确定性。尤其是全球通货膨胀压力增加，新冠肺炎疫情蔓延引发全球供应链危机持续发酵，国内面临新冠肺炎疫情散发多发和新的经济下行压力等多重挑战，增加了国内外粮食安全风险的复杂性，也给科学认识粮食安全风险带来了新的迷雾。在此背景下，廓清影响粮食安全风险的重大政策或实践问题，日益具有重要性和紧迫性。2022年2月以来，国际粮食市场面临新的变数，俄乌冲突更是一个"黑天鹅"，让粮食安全风险问题更加千头万绪。为叙述简便起见，本章只就2021年年底前的状况进行分析。本章所谓"当前""近期"，均是相对于2021年年底的时点而言的。对2022年以来的情况，尽管在现象层面多少有些变化，而且更加复杂化，但我们的分析结论在总体上仍是适用的。我们认为，对国内外粮食安全风险，既要高度重视、未雨绸缪，又要冷静观察，避免草木皆兵，将争取战略的主动和战术的冷静有效结合起来。

二、粮食安全风险怎么看

1. 当前全球粮食库存充足，粮食安全主要不是总量问题而是分配不平等问题

当今世界，全球粮食安全的发展环境和运行特征已经发生重大变化，全球粮食安全问题已经主要不是总量问题，而是结构问

题；主要不是全球粮食生产能力问题，而是与跨国粮商垄断、各国购买力和供应链危机相关的粮食分配不平等或全球粮食安全治理问题。正如诺贝尔经济学奖得主阿玛蒂亚·森在《贫困与饥荒：论权利与剥夺》一书讨论贫困与饥荒产生的原因时所指出的，"饥荒的特点表现为一部分人没有获得足够的粮食。然而却没有迹象表明，是粮食的短缺引致了饥荒"，他认为饥荒并不是因为粮食短缺而爆发，问题更多是由分配不均引起的[①]。

根据联合国粮农组织（FAO）和美国农业部的资料，近年来全球粮食产出持续增长，目前全球粮食供给处于宽松状态，库存充足，供给总量处于历史较好时期。[②] 从图7-1、图7-2可见，到2021年年底，全球玉米库存量虽然低于2016/2017年度至2019/2020年度的历史最高水平，但差距不大；小麦库存量接近历史最高水平，稻米库存量处于历史最高水平，包括小麦、稻米、玉米在内的谷物库存量接近历史最高水平。从库存消费比来看，玉米库存消费比近年来虽有一定幅度下降，但仍处于历史较高水平；稻米库存消费比达到历史最高水平，小麦和谷物的库存消费比接近历史最高水平。与2007/2008年度相比，2020/2021年度（预测）全球谷物、小麦、稻米和玉米库存量分别增加121.4%、139.2%、132.2%和125.8%，库存消费比分别增加12.1、17.4、

---

① 〔印度〕阿玛蒂亚·森：《贫困与饥荒：论权利与剥夺》，王宇、王文玉译，商务印书馆2001年版，第2页。
② 参见：（1）《2021世界粮食安全和营养状况》，https://max.book118.com/html/2021/1021/8117031045004023.shtm；（2）https://usda.library.cornell.edu/concern/publications/3t945q76s?locale=en&page=15#release-items

18.5 和 8.9 个百分点。2020/2021 年度（预测）全球谷物、小麦、稻米和玉米库存消费比分别已达 29.2%、37.0%、37.2% 和 25.8%，分别较 2007/2008 年度增加 12.1、17.4、18.5 和 9.0 个百分点。

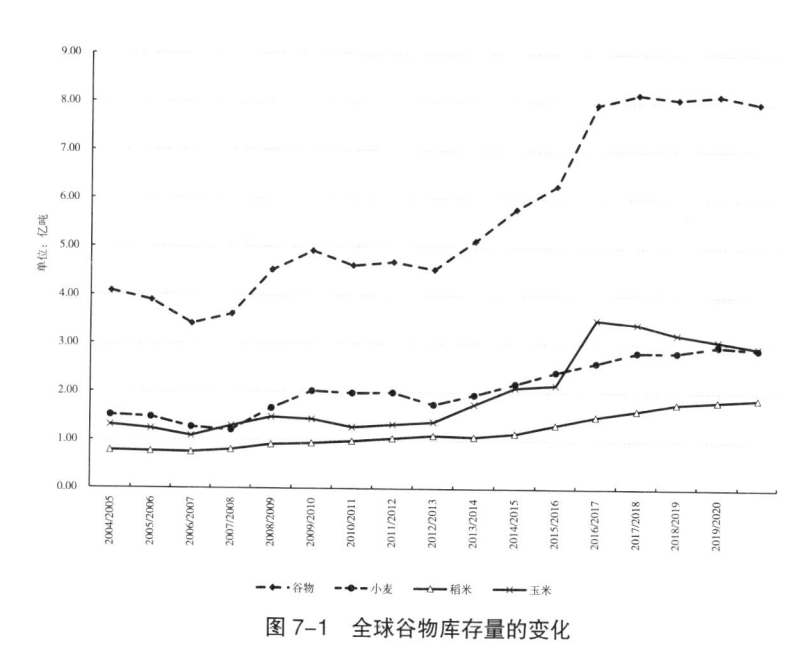

图 7-1　全球谷物库存量的变化

注：本图及图 7-2 数据来源：美国农业部。

从国际经验来看，世界粮食安全风险主要发生在那些经济社会发展水平比较低、国内政局不稳定，同时收入不平等程度比较严重的国家。这些国家低收入者购买力比较低，政府可用于购买粮食的财政资源有限，面对国际粮价上涨和通货膨胀，更容易受到饥饿问题困扰。如根据联合国粮农组织、国际农业发展基金等发布的《2021 世界粮食安全和营养状况》，2020 年食物不足发生率最严重的是东部非洲（28.1%）、撒哈拉以南非洲（24.1%）、加勒比（16.1%）、南亚（15.8%）和西亚（15.1%），中度或重度粮食不安全发生率最高的分别是加勒比（71.3%）、撒哈拉以南非洲（66.2%）、南亚（43.8%）、拉丁美洲（38.7%）和西亚（28.3%）。我国所处的东亚地区自2010年以来食物不足发生率一直低于2.5%，明显低于世界平均水平（9.9%）；中度或重度粮食不安全发生率2019年和2020年分别为7.4%和7.8%，也明显低于世界平均水平（30.4%）。[①]

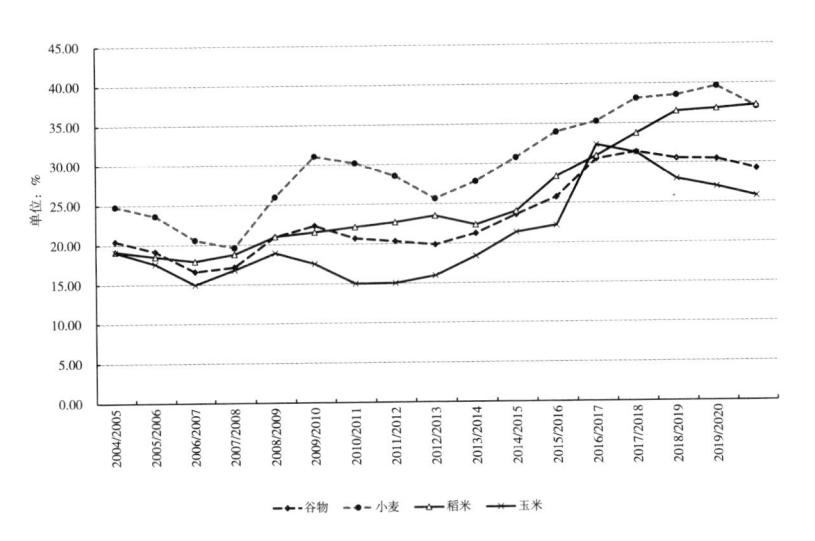

图7-2 全球谷物库存消费比的变化

[①]《2021世界粮食安全和营养状况》，https://max.book118.com/html/2021/1021/8117031045004023.shtm

2. 当前导致国际粮价上涨的主要因素是全球通货膨胀加剧，我国粮食安全坚持"以我为主"方针有利于管控粮食安全风险

（1）导致国际粮价迅速上涨的主要原因是全球通货膨胀加剧，国际粮价上涨不是导致全球粮食安全风险增加的终极主因。近两年来，尤其是2021年以来，全球多数粮食品种价格上涨显著。近期部分粮价虽有所回调，但小麦、玉米、大豆等价格已达到或接近历史高位。2000年以来，FAO全球食物价格指数和谷物价格指数[①]除2008年、2011—2012年出现大幅上涨外，2021年又出现新一轮上涨。2020年全球食品价格指数和谷物价格指数分别为98.1和103.1，2021年1月分别达到113.5和125.0，到2022年1月分别增加到135.7和140.6（图7-3）。

---

① FAO全球食物价格指数是衡量一揽子食品类商品国际价格月度变化的尺度，由谷物、肉类、乳制品、植物油和食糖五个食品商品类别价格指数的加权平均数构成，其权重为2014—2016年各商品类别的平均出口贸易比重，以2014—2016年平均值为100计算。总体指数包括粮农组织农产品专家认为能够代表食品类商品国际价格的共95种农产品的报价。各分项指数为该类别所包含的农产品价格相对值的加权平均值，其中基期价格为2014—2016年的平均值。谷物价格指数：由国际谷物理事会（IGC）小麦价格指数（这一指数本身由9种不同小麦报价的平均值构成）、IGC玉米价格指数（4种不同玉米报价的平均值）、IGC大麦价格指数（5种不同大麦报价的平均值）、1种高粱出口报价和粮农组织稻米价格指数编制得出。资料来源：FAO，https://www.fao.org/worldfoodsituation/foodpricesindex/zh/

农业强国

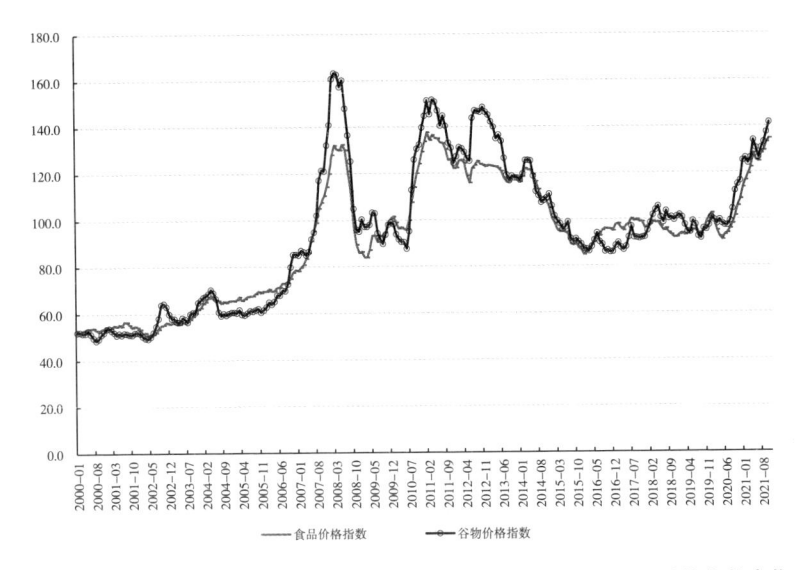

图 7-3　2000 年 1 月到 2021 年 11 月全球食品价格指数和谷物价格指数变化

注：本图数据来源：联合国粮食与农业组织（FAO）。

有的专家将 2020 年以来国际粮价上涨作为判断全球粮食安全风险增加的重要依据。但这实际上有些本末倒置。虽然国际粮价上涨与全球通货膨胀存在互相影响、互为因果的问题，但导致国际粮价上涨的根本原因还是在于全球通货膨胀加剧。因为通货膨胀导致"钱不值钱"，必然带动国际粮价上涨。进入 21 世纪以来，2008 年、2011—2012 年分别出现了谷物价格的飙升。发生国际金融危机的 2008 年，美国和欧盟用消费者价格指数（CPI）衡量的通货膨胀率分别达到 3.8% 和 4.2%；2011 年和 2012 年，美国的通货膨胀率分别为 3.2% 和 2.1%，欧盟的通货膨胀率分别为 3.3% 和 2.7%。进入 2021 年以来，美国按 CPI、欧盟按 HICP（消费者价格协调指数）衡量的通货膨胀率逐月提高，2021 年 1 月分别为

1.4% 和 0.9%，2021 年 11 月分别提高到 6.8% 和 4.9%。有的美国经济学家认为，到 2021 年年底，美国通货膨胀率达到 40 年来的最高水平，供应链危机、油价上涨和工资上升成为推高美国通货膨胀率的三大主因。当然，这三大主因与新冠肺炎疫情仍在全球大流行有很大关系。

近年来，全球经济不稳定不确定性明显增加，许多发达国家大肆增发货币导致全球通货膨胀升温，这是推动国际粮价迅速上涨的主要原因。到 2021 年年底，全球粮价涨幅虽大，但仍明显低于国际原油、煤炭、天然气价格涨幅。按每月 10 日价格计算，芝加哥期货交易所（CBOT）小麦、玉米和大豆连续主力收盘价从此前的低点到近期的高点，在一年多时间内分别增加了 63.4%、140.5% 和 90.5%（表 7-1、图 7-4）。但根据世界银行数据，全球原油、澳大利亚煤炭和欧洲天然气价格从此前的低点到近期的历史高点，也在一年多的时间内分别增加了 290.0%、347.8% 和 1865.2%（表 7-1、图 7-5）。何况，新冠肺炎疫情全球蔓延，加剧了全球供应链危机和断点，导致粮食运输成本大幅提高，成为国际粮价上涨的重要推手。

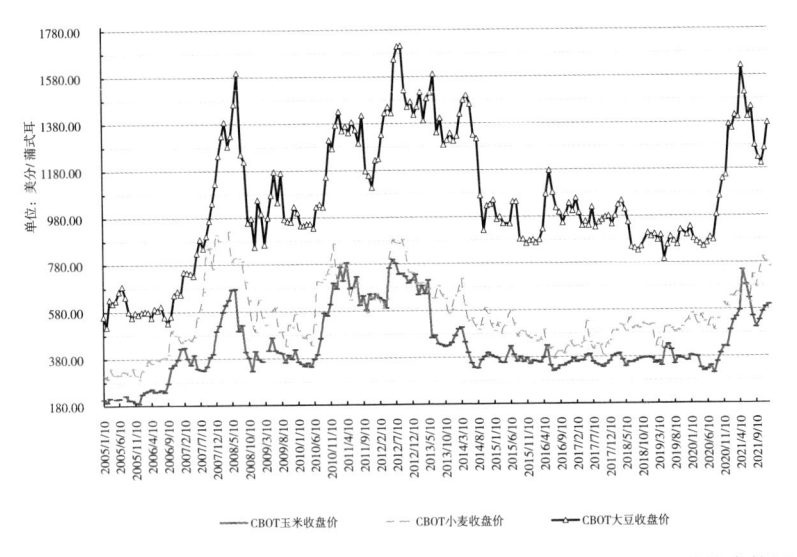

图 7-4 芝加哥期货交易所（CBOT）小麦、玉米和大豆连续主力收盘价格走势图

数据来源：wind 数据库。

表 7-1 近期全球粮价从低点到高点的变化及其与原油、煤炭、天然气价格比较

类别	此前价格低点		近期价格高点	
	时间	价格	时间	价格
全球原油	2020年4月	21.04美元/桶	2021年10月	82.06美元/桶
澳大利亚煤炭	2020年8月	50.14美元/吨		224.51美元/吨
欧洲天然气	2020年5月	1.58美元/百万英热单位		31.05美元/百万英热单位
小麦	2020年8月	491.50美分/蒲式耳	2021年11月	803.00美分/蒲式耳
玉米		310.75美分/蒲式耳	2021年5月	747.50美分/蒲式耳
大豆	2020年5月	851.50美分/蒲式耳	2021年5月	1622.50美分/蒲式耳

数据来源：世界银行、Wind 数据库。

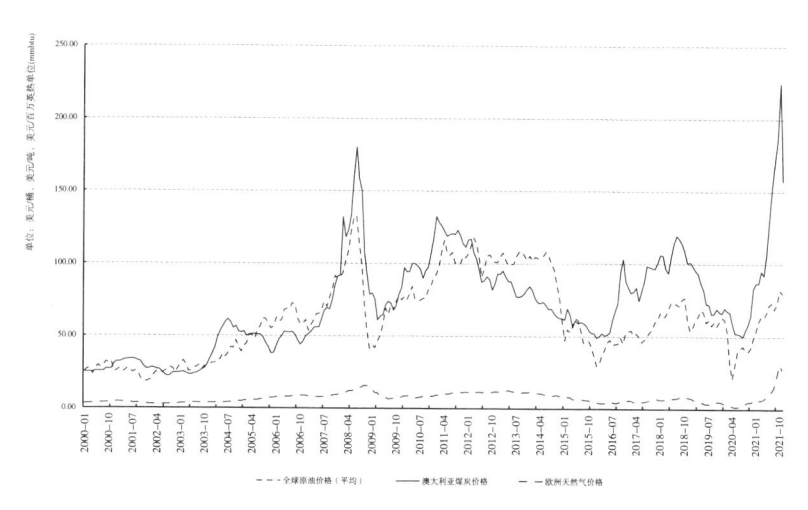

图 7-5　全球原油、澳大利亚煤炭、欧洲天然气价格变化

（2）资本市场投资炒作放大了粮食商品市场局部失衡，并推动了近期国际粮价超常上涨；复杂严峻的国际环境也为国际资本投机炒作提供了新的便利。从国际粮价变化的长期趋势来看，近期的国际粮价上涨属于短期超常上涨。随着粮食金融化的深化，粮食商品市场与金融市场和能源市场、粮食期货市场与现货市场的联动性增强，国际粮食市场定价机制更加复杂化，国际粮价波动幅度明显放大，波动频率和波动的不确定性显著增加。粮食商品市场局部失衡叠加资本市场投机炒作，往往对这种国际粮价的短期超常上涨推波助澜。特别是国际资本投机炒作，将粮食商品市场的失衡现象进行了显著放大，加剧了国际粮价波动或超常上涨。当前，新冠肺炎疫情冲击、百年变局加速演变，导致全球粮食市场的运行环境更趋复杂严峻和不确定。特别是美国等发达国家货币超发，导致全球通货膨胀压力上升；新冠肺炎疫情全球大

流行，导致全球粮食供应链断点现象加剧、物流成本剧增；信息全球化增加了利用信息传递失真，放大粮食市场恐慌并推高粮食价格发生"蝴蝶效应"的可能性。这些都为国际资本投机炒作粮食市场，引发国际粮价超常波动提供了新的素材。粮食金融化及与此相关的国际资本炒作，会加剧全球粮食市场分配的不平等，并由此增加世界粮食安全风险。但是，"出来混总是要还的"，国际粮价超常上涨，也容易导致之后国际粮价的短期超常下跌。

（3）国际粮价超常上涨对我国粮食安全风险的影响，不同于粮食高度依赖进口的国家，特别是低收入、欠发达国家。尽管国际资本投机炒作会推动国际粮价短期超常上涨或下跌，但从长期趋势来看，决定国际粮价变化的仍然是全球粮食供求的基本面。短期的国际粮价超常上涨，会导致粮食供给高度依赖国际市场的国家，特别是低收入、欠发达国家粮食安全风险陡增，加大全球粮食安全风险；但不会必然带来所有国家粮食安全风险明显增加。对于粮食安全主要依靠国内供给的我国，情况尤其如此。何况，比较不同国家的粮食安全状况，国际可比口径是谷物安全，口粮安全更具核心地位。但如果不注意统筹增强利用"两种资源、两个市场"的能力，把握不好粮食进出口的时度效，导致粮食进出口的规模或节奏不合理，有可能加大粮食进出口的利益损失。需要重视的是，世界上大豆生产国和消费国都比较集中。我国是世界上大豆最大的消费国，大豆消费主要依靠国际市场[①]，进口大豆主要用作榨油和饲料蛋白。国

---

① 以2020年为例，我国大豆进口量超过全球大豆产量的1/4。

际粮价超常上涨会带动我国大豆进口成本和养殖业生产成本显著增加，但不会显著影响进口大豆的可得性。

3. 当前我国粮食安全状况在总体上处于历史较好水平，单纯依靠粮食自给率指标难以准确判断我国的粮食安全形势

（1）我国粮食连年增产（高产）、库存充足，为应对粮食安全风险提供了良好的粮源保障。2015年我国粮食产量首次突破66000万吨大关，2021年增加到68285.1万吨，2015—2021年7年间，我国粮食产量年均达到66524.6万吨。同期，我国年均稻谷和小麦产量分别达到21176.5万吨和13374.6万吨，年度稻谷、小麦产量最低的分别为稻谷2019年的20961.4万吨、小麦2018年的13144.1万吨。玉米产量2015年达到26499.2万吨，经过2015年之后的"去产能"，2018年下降到25717.4万吨；但从2019年开始恢复性增产，2021年达到历史最高水平（27255.2万吨），较2015年增加2.85%，2015—2021年7年间年均产量26269.2万吨，略低于2015年水平，仍明显高于2014年的水平（24976.4万吨，见图7-6）。目前我国粮食库存充裕，小麦和稻谷两大口粮品种占总库存的比例超过了70%，小麦库存可以满足全国人民一年半的消费需求。[①] 近年来，我国玉米产不足需，同鼓励生猪产能恢复和玉米深加工发展，带动玉米需求迅速扩张有很大关系。虽然经过前几年的玉米"去库存"，临储玉米消耗已逐步见底，但就总体而

---

① 国家统计局局长就2021年国民经济运行情况答记者问，http://www.stats.gov.cn/tjsj/sjjd/202201/t20220117_1826479.html

言，我国谷物库存消费比仍明显高于18%的国际粮食安全警戒线，应在60%以上[①]。2020年我国人均粮食和谷物产量分别已达474千克和437千克，远高于人均400千克的国际粮食安全标准线。

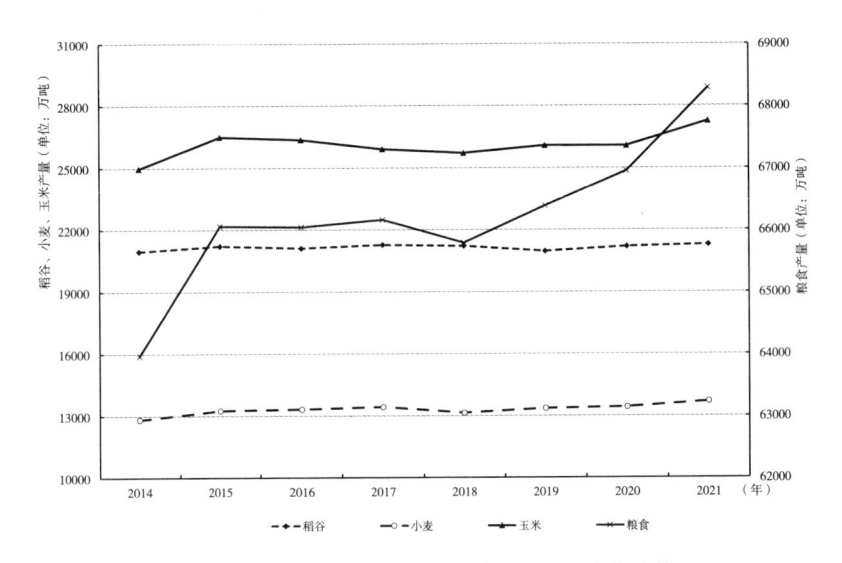

图 7-6 2014—2021 年主要粮食产品产量变化趋势

（2）近年我国粮食自给率下降并非意味着粮食安全风险明显增加。单纯依据粮食自给率指标，容易高估我国的粮食安全风险，对此应予足够警惕。近两年来，我国主要粮食品种进口量迅速增长，带动粮食自给率出现下降趋势。农业农村部数据显示，2020

---

① 我国粮食库存属涉密数据。2020年我国稻谷总消费为19480万吨，2020/2021年度国内小麦消费总量为14727万吨，2020年玉米国内年度总消费29404万吨。资料来源：《2021中国粮食和物资储备发展报告》，国家粮食和物资储备局主编，人民出版社2021年，第18—23页。根据这些数据粗略计算。

年我国谷物净进口量3319.8万吨，较2019年增加126.1%[①]。通常用当年产量/（当年产量+净进口量）计算粮食、谷物或其主要品种的自给率，则2019年、2020年我国谷物自给率分别为97.7%和94.9%。2021年我国谷物净进口量进一步增长，全年谷物净进口量6275.6万吨，较上年增长89.0%[②]。考虑到我国巨量的大豆进口，近年来我国粮食自给率下降的问题更加突出。2019年、2020年我国大豆净进口量分别为8851.1万吨和10032.2万吨，大豆自给率分别为17.0%和16.3%。2021年我国大豆净进口9651.8万吨，较上年减少3.8%；但由于大豆较上年减产320万吨，大豆自给率下降到14.5%[③]。我国将豆类、薯类和谷物一起纳入粮食范畴，国际上将大豆归入油料作物。按照我国粮食口径，粮食自给率下降问题更为突出。2019年和2020年的粮食自给率分别仅为86.5%和83.4%，2021年我国粮食自给率下降到80.9%[④]。但这并非意味着我国粮食安全风险明显增加。

近年来，我国粮食进口大量增加，既有需求方面的因素，也

[①] 2020年谷物进口量3579.1万吨，出口259.3万吨，净进口量3319.8万吨。资料来源：《农业农村部：2020年我国农产品进出口情况》，中国饲料行业信息网，http://www.feedtrade.com.cn/yumi/ yumi _china/2129767.html

[②] 参见农业农村部农业贸易促进中心：《我国农产品进出口情况：2021年谷物进口激增82.7%，达到6537.6万吨》，金农网（www.jinnong.com）2022年2月8日；农业农村部：《2020年我国农产品进出口情况》，农业农村部网站（http://www.moa.gov.cn）2021年3月3日。

[③] 中华粮网：《粮食进口突破1.6亿吨，再创新高》，2022年1月14日。

[④] 在计算粮食自给率时，粮食进出口数据分别来自：（1）2021年12月出口主要商品量值表（人民币值）http://www.customs.gov.cn/customs/302249/zfxxgk/2799825/302274/302277/302276/4127886/index.html；（2）2021年12月进口主要商品量值表（人民币值）http://www.customs.gov.cn/customs/302249/zfxxgk/2799825/302274/302277/302276/4127968/index.html

有国内外价差导致的过度进口因素,价差成为推动我国主要粮食品种过度进口的重要原因。考虑到这个因素,主要依据粮食自给率指标,越来越难以准确体现我国粮食产需缺口,也难以准确研判粮食安全风险状况。关于国内外价差驱动我国粮食过度进口的问题,许多学者都做过深入研究。以2021年11月为例,根据农业农村部大宗农产品价格月报,稻米、玉米和大豆国内价格分别高出国际价格33.6%、12.5%和54.8%。自2015年1月以来,稻谷、小麦国内价格在绝大多数时间明显高于国际价格,这是近年来稻谷、小麦进口过度、库存积压问题严重的重要原因。玉米国内价格高于、低于国际价格的情况交替出现;大豆国内价格虽然一直高于国际价格,但供需缺口较大(见图7-7至图7-10)。因此,价差驱动进口的特征在主要作为口粮品种的稻谷、小麦上更为严重。

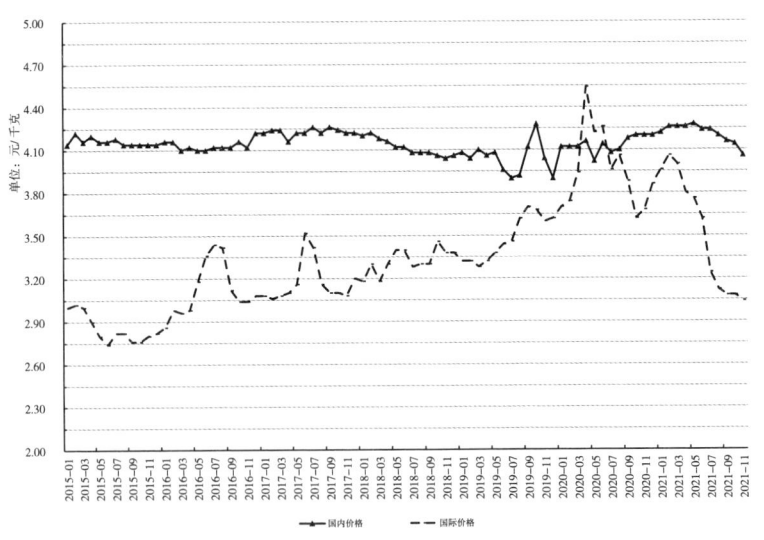

图7-7 2015年1月至2021年11月稻米月度价格走势

注:图7-7~图7-10数据来源:农业农村部大宗农产品供需形势分析月报。

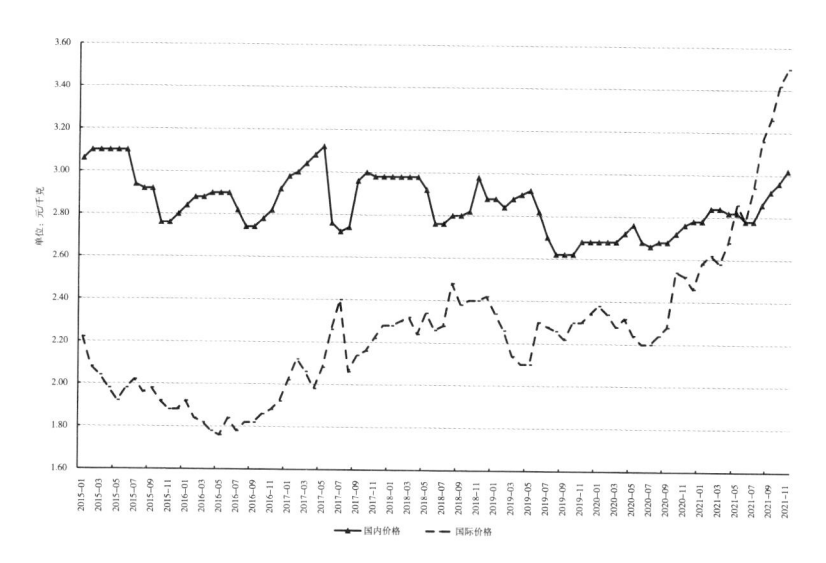

图 7-8 2015 年 1 月至 2021 年 11 月小麦月度价格走势

图 7-9 2015 年 1 月至 2021 年 11 月玉米月度价格走势

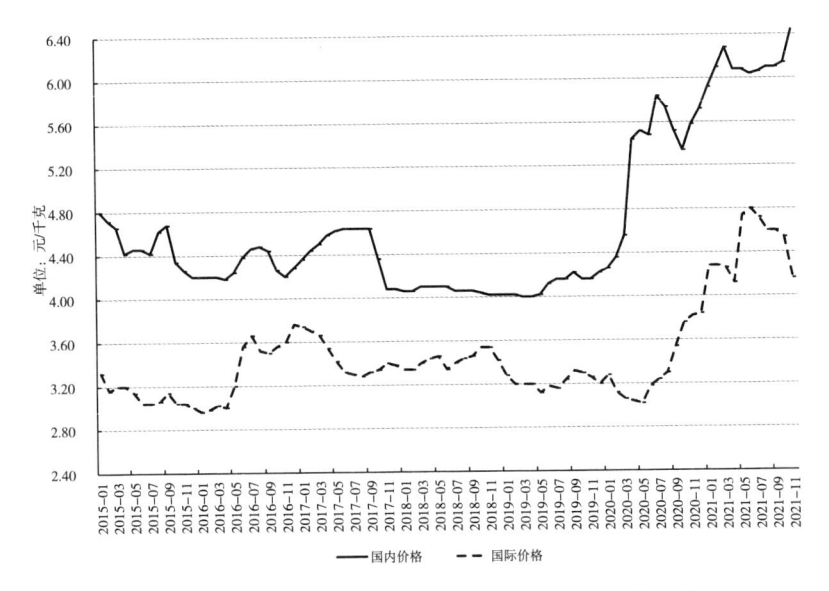

图7-10 2015年1月至2021年11月大豆月度价格走势

三、我国粮食需求增长潜力

1. 我国口粮需求将继续稳中有降

近年来我国口粮需求已呈稳中有降趋势。稻谷和小麦是我国两大主要口粮品种，玉米、大豆食用消费占比较低[①]。推动未来我国口粮需求稳中有降的主要因素有三。第一，人口总量增长明显放缓，人口老龄化提速。从第七次全国人口普查数据来看，近年来我国人口增长远远不及之前的预测，到"十五五"期间人口总

---

① 根据农业农村部发布的2021/2022年度中国玉米供需平衡表，2020/2021年度玉米食用消费955万吨、饲用消费18200万吨、工业消费8200万吨、种子消费187万吨、损耗及其他1074万吨，分别占3.3%、63.6%、28.7%、0.7%、3.8%。资料来源：http://www.feedtrade.com.cn/yumi/yumi_china/2136894.html

量将见顶回落，人口总量峰值很可能在 2027 年前后。到 2035 年人口总量很可能不及 2019 年的水平（14.10 亿人）。2021 年已进入中度老龄化阶段，65 岁以上人口占总人口比重已经超过 14%[①]。第二，近年来我国城镇居民、农村居民人均谷物消费量在总体上呈现缓慢下降的趋势。《中国统计年鉴》中人均主要食品消费量数据，可以大致反映居民口粮消费情况。2015 年全国人均、城镇居民人均、农村居民人均谷物消费量分别为 124.3 千克、101.6 千克和 150.2 千克，2019 年分别下降到 117.9 千克、98.5 千克和 142.6 千克。当然，2020 年全国人均、城镇居民人均、农村居民人均谷物消费量数据有些反弹，分别为 128.1 千克、107.3 千克和 155.0 千克，但很可能属于因突发新冠肺炎疫情导致的例外情形。第三，城镇化深化和生活方式转变、食物消费结构多元化，有利于减少口粮消耗。从前文数据可见，当前我国城镇居民人均谷物消费量较农村居民低约 1/3。

2. 未来我国粮食需求增长将主要集中在饲料粮

近年来，我国饲料粮需求呈现稳步增加趋势。未来我国粮食需求的增长将主要表现为对饲料粮需求的增长。推动饲料粮需求增长的因素主要有三：①人均收入水平和消费水平的提高，将会

[①] 参见：（1）我国第七次全国人口普查以 2020 年 11 月 1 日零时为普查标准时点，该普查资料显示，65 岁及以上人口已达 19064 万人，占总人口的比重已达 13.5%。资料来源：《第七次全国人口普查公报（第五号）》，国家统计局网站，http://www.stats.gov.cn/tjsj/pcsj/；（2）2021 年年末，我国 65 岁及以上人口已达 20056 万人，占总人口的 14.2%。资料来源：王萍萍，《人口总量保持增长 城镇化水平稳步提升》，国家统计局网站，http://www.ce.cn/xwzx/gnsz/gdxw/202201/18/t20220118_37264987.shtml

带动对肉、奶、蛋等动物性食品消费量较快增长,从而拉动饲料粮需求较快扩张。目前,我国与发达国家相比,人均动物性食品消费量仍有较大差距。②在"十五五"人口增长达到峰值前,人口增长虽然放缓,但仍是支撑城乡居民对动物性食品需求扩张的重要因素,并拉动饲料粮需求增长。玉米、豆粕分别是我国能量饲料和蛋白饲料的重要来源。③城镇居民人均肉、奶、蛋消费水平明显高于农村居民。2020年我国城镇居民人均肉类、蛋类和奶类消费量分别为27.4千克、13.5千克和17.3千克,而农村居民人均肉类、蛋类和奶类消费量分别为21.4千克、11.8千克和7.4千克。

但对未来我国动物性食品进而饲料粮需求的增长空间,也不宜过分夸大,因此,也不宜过分高估未来玉米和大豆需求的增长空间。主要原因是:①资源禀赋、消费习惯差异和人均收入水平,将是抑制我国对动物性食品进而饲料粮需求增长的重要因素。2019年美国、德国和日本人均GDP分别为6.5万美元、4.9万美元和4.0万美元,人均肉类总产量分别为146.6千克、101.4千克和32.1千克。同年,美国、德国肉类净出口量分别相当于各自肉类总产量的12.9%和18.2%,日本肉类净进口量相当于其肉类总产量的90.6%[1]。但自2010年以来,按年末人口计算,我国人均肉类总产量最高的年份为2014年(64.47千克)。2019年为55.42千克。2010年以来,我国肉类净进口量呈现在波动中提高趋势,但肉类净进口量占肉类总产量的比重一直较低,2010年和2019年

---

① 数据来源:人均GDP、总人口数据来自世界银行,https://data.worldbank.org.cn/;肉类总产量、进口量和出口量数据均来自FAO,http://www.fao.org/faostat/en/#data/QL

分别占 0.9% 和 7.2%。2020 年按当年汇率计算,我国人均 GDP 为 10279 美元,即便到 2035 年我国人均 GDP 能再翻一番,人均 GDP 也不足 21000 美元,明显低于前述 2019 年美国、德国、日本人均 GDP 的水平。综合考虑这些因素以及我国与日本资源禀赋、消费习惯的相似性,到 2035 年我国人均肉类消费需求量大概率维持在 65—70 千克之间,分别较 2019 年增加 17.3%—26.3%,较人均肉类总产量最高的 2014 年分别增加 0.8%—8.6%。② 人口总量增长放缓,特别是人口老龄化提速和对营养健康的关注,很可能抑制我国对动物性食品进而饲料粮需求的增长。考虑到近年来随着收入水平提高,我国肥胖人群和心脑血管疾病患者增多,由此引起的营养健康问题凸显,情况更是如此。③ 我国食物消费结构多元化有利于减少粮食消费需求。未来我国对畜牧业需求的增长,存在节粮型畜牧业代替耗粮型畜牧业的倾向。水产业的发展不仅可以为人类提供优质蛋白,也可以节省粮食消耗。与 2015 年相比,2020 年我国人均水果、水产品占有量分别由 177.3 千克增加到 203.2 千克,由 44.9 千克增加到 46.4 千克,分别增加 14.6% 和 3.3%。拓展食物消费空间,有利于舒缓粮食安全压力。

3. 未来我国粮食总需求的增长空间有限

未来我国饲料粮需求的峰值,很可能出现在"十四五"末到"十五五"初、中期,但对未来我国粮食需求总量的扩张也不宜过分夸大。近年来关于未来粮食需求的预测很多,有的数据很大。但我们认为未来我国粮食需求总量很可能就是在 7.5 亿吨到 8 亿吨上下。虽然饲料粮需求仍会增长，但稻谷、小麦库存积压过剩的问题比较严重，库存消费比远远高于国际粮食安全警戒线，去库存压力较大。未来饲料粮增长空间与现有口粮积压过剩的空间大致相当。根据美国农业部发布的数据，2019/2020年度，中国稻米和小麦的库存分别为1.17亿吨和1.50亿吨，库存消费比分别为80.22%和119.06%[①]。从库存总量来看，这有利于守住保障国家粮食安全的底线。考虑到近年来由于国内外价差导致的超额储备问题，特别是口粮品种的超额超期储备问题，未来我国实际的粮食总需求增长空间有限。对此不宜过度高估。

4.维护粮食安全仍然不可掉以轻心

尽管未来我国粮食需求总量增长有限，但维护粮食安全仍然不可掉以轻心。如果现行粮食安全政策能够得到有效实施，未来我国粮食安全可以谨慎乐观。但如果现行粮食安全政策得不到有效落实，威胁粮食安全的隐患仍然是存在的。仅从粮食综合生产能力来看，至少有以下问题值得高度重视。

第一，耕地资源保护任重道远。工业化、信息化、城镇化与农业现代化争夺耕地和水资源的矛盾将会日益凸显，农业用地转化为非农用地的压力仍将不断加大，加之土地荒漠化、水土流失等因素的影响，我国耕地面积减少的趋势仍难根本扭转，耕地保护形势依旧严峻。2015年全国耕地面积为20.25亿亩，2019年下

[①] 美国农业部网站，https://usda.library.cornell.edu/concern/publications/3t945q76s?locale=en

降为19.18亿亩，4年间耕地面积累计减少1.07亿亩[①]。此外，随着我国粮食安全由数量安全向数量、质量安全并重的转变，维护粮食安全对耕地质量的要求将会不断提高。但从耕地质量看，我国耕地受干旱、洪涝、侵蚀、酸雨、盐碱、污染等诸多因素的影响，《2020中国生态环境状况公报》显示，截至2019年年底，中等、低等耕地占总耕地面积的比重达到68.76%[②]，耕地质量整体偏低给粮食单产提升增加了压力。耕地质量风险不是突发性的，需要长期跟踪，持续关注，提前防范。

第二，水资源保护和水污染防治压力较大。除水资源分配不均加剧对粮食生产的约束外，北方地下水位持续下降的风险依然较大。如华北平原以冬小麦和夏玉米复种为主，是我国最主要的农耕区之一，对我国粮食生产起着举足轻重的作用。但近年来由于农业地下水用水量不断增加，地下水被超量开采，导致这里形成了世界上最大的地下水漏斗，农田种植遭到破坏，在一定程度上影响粮食综合生产能力的可持续性，亟待进一步增强生态可持续性。此外，近年来我国许多地方农村水资源污染问题日趋凸显，严重影响粮食稳产增产特别是粮食质量的提升。根据前述生态环境部《2020中国生态环境状况公报》，湖泊（水库）水质，劣V类占5.4%，中度营养湖泊（水库）占检测总数的61.8%，富营

[①] 《2016中国国土资源公报》，http://www.mnr.gov.cn/sj/tjgb/201807/P020180704391918680508.pdf；《第三次全国国土调查主要数据公报》，http://www.mnr.gov.cn/dt/ywbb/202108/t20210826_2678340.html
[②] 《2020中国生态环境状况公报》，https://www.mee.gov.cn/hjzl/sthjzk/zghjzkgb/202105/P020210526572756184785.pdf

状态湖泊（水库）占检测总数的29.0%；检测显示浅层地下水水质总体较差，Ⅴ类水质监测点占43.6%[①]。水资源污染问题的存在，导致部分地区耕地质量出现下降。

第三，解决种业"卡脖子"问题任重道远。种业作为粮食产业链的源头，它的安全与否，直接关系到我国国家粮食数量安全、质量安全和能力安全。尽管目前我国水稻、小麦等口粮使用的主要是自主选育品种，但与部分农业发达国家相比，我国粮食种业技术"卡脖子"问题依然存在，每年都要从国外进口大量优质粮食种子，玉米等优质种业资源高度依赖进口。而且少数国际种业巨头试图控制我国种业市场，其中，美国先锋公司20多个玉米品种已覆盖我国东北、黄淮海等重要粮食主产区[②]。

第四，提高种粮农民收益仍需不懈努力。2000—2020年，中国三种粮食（稻谷、小麦、玉米）平均总成本整体呈不断增长趋势，从356.2元/亩增长到1119.6元/亩，年均增长5.89%。其中，物质与服务费用从182.9元/亩增长到468.0元/亩，年均增长4.81%；人工成本从126.4元/亩增长到412.8元/亩，年均增长6.10%；土地成本从47.0元/亩增长到238.8元/亩，年均增长8.47%。三种粮食平均每亩净利润总体呈现先上升后下降态势，2016年开始出现负值，一直持续到2019年，2017年每亩净利润最低为−85.6元/亩。2020年下半年以来，由于部分粮食品种价

---

① 《2020中国生态环境状况公报》，https://www.mee.gov.cn/hjzl/sthjzk/zghjzkgb/202105/P020210526572756184785.pdf
② 王向阳：《保障粮食安全要抢占全球种业技术制高点》，《人民论坛》2020年第22期。

格迅速上涨,三种粮食平均每亩净利润由负转正。但国际能源价格的上涨,很可能带动粮食生产成本进入新一轮上升通道。自2020年下半年以来,部分粮食品种的产品价格出现短期超常上涨已经有两年多的时间。从历史经验来看,这种国际粮价的短期超常上涨很少持续两年以上。届时,如果粮食价格增速放缓,甚至转入下降通道,面临价格下降、成本上升的双重挤压,如何保护农民种粮收入进而提高种粮积极性的问题将会进一步凸显,并直接影响粮食综合生产能力的增长。

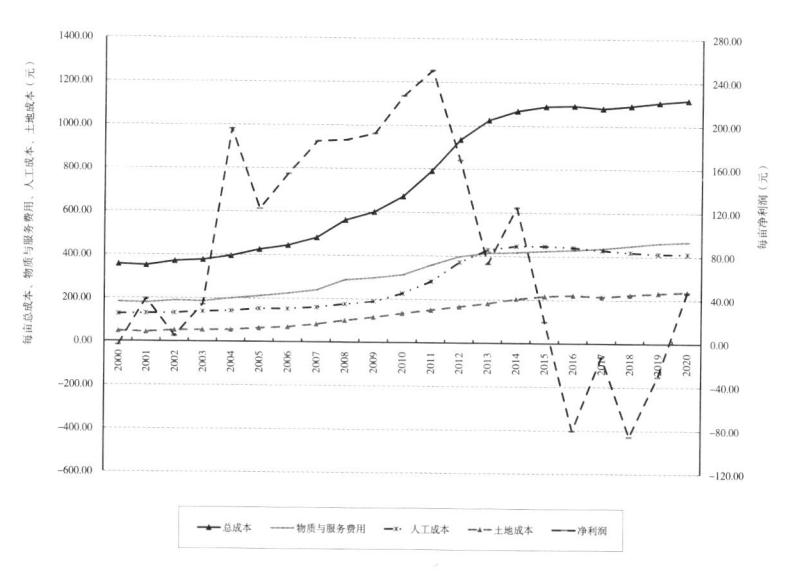

图7-11 2000—2020年三种粮食平均成本收益的变化

数据来源:《全国农产品成本收益资料汇编》(2001—2021年)。

可见,至少从粮食综合生产能力来看,维护粮食安全仍然需要警钟长鸣,不可掉以轻心。因此,要对持续培育粮食综合生产能力高度重视，未雨绸缪，前瞻性考虑国家粮食安全战略，严格落实耕地保护制度，坚守18亿亩耕地红线，深入推进高标准农田建设，坚持"量""质"并重，提升国内粮食稳产保供能力。在调动农民积极性、坚持"藏粮于地、藏粮于技"战略的同时，有序推进粮食种植结构调整，有利于提高粮食安全保障水平，降低粮食安全风险。要在审慎研究和加强前瞻分析的基础上，一方面夯实稻谷、小麦生产优势区粮食综合生产能力基础，另一方面推动部分稻谷、小麦生产非优势区改种具有比较优势的玉米、大豆，因为玉米、大豆分别是我国能量饲料和蛋白饲料的重要来源。此外，完善粮食市场宏观调控，增强对"两种资源、两个市场"的利用能力，合理把握粮食进出口的规模、节奏和时机，也是至关重要的。

第八章

规避几种倾向

　　加快建设农业强国,是党的二十大作出的重大战略部署,是加快构建新发展格局、着力推动高质量发展的重要战略取向。但是,建设农业强国是一个需要久久为功、善作善成的大事,远非敲锣打鼓就可实现那么简单。不积跬步无以至千里,不积小流无以成江海。建设农业强国也是如此。从长期以来我国建设社会主义新农村、推进乡村振兴的实践来看,努力防止以下倾向,确保农业强国建设行稳致远是必要的。

一、战略问题战术化

　　对于我国这样拥有 14 亿人口的发展中大国来说,建设农业强国是一项长期战略任务,也是贯穿全面建设社会主义现代化国家进程的重大难题。在此过程中,树立战略思维至关重要。比如,从战略上看,既要注意汲取先行国家建设农业强国的成功经验,又要努力汲取其教训并规避其失误,即便发达国家建设农业强国的成功经验,对我国也可能存在"橘生淮南则为橘,橘生淮北则为枳"的问题。我国作为后发型国家建设农业强国,与欧美发达国家在起步条件、发展环境上都有很大区别。况且,由于资源禀赋等国情农情不同,将欧美发达国家现代化过程中的成功经验引进到我国,也可能遇到"水土不服"的问题,甚至"甲之蜜糖乙之砒霜"的问题。任何一个国家的现代化过程,不可能全是成功经验,往往是成功经验和失败教训循环往复、反复较量的结果,只不过"成功者的失误容易被掌声淹没"而已。而"向发展经济的成功经验学习是非常重要的,从失败的原因中学习也同样是有益的"[1]。在我国建设农业强国的过程中,对于发达国家的经验教训,应该结合国情农情和时代要求,进行批判性的吸收改造,审视探讨在我国推广应用的可能性。坚持"以中国式现代化全面推进中华民族伟大复兴"的理念和政策思维,有利于统筹借鉴国内外经验,科学把握农业强国的发展规律,在借鉴国外经验教训的同时,更好地立足本国国情和时代特征,向自身历史学习;从我国农业农村发展的历史演变和经验教训中,从农业强国建设理论逻辑、历史逻辑、实践逻辑的结合中,明晰我国农业农村发展从哪里来,应该向何处去,以便未来的步伐更加坚实。

在我国建设农业强国的过程中,要客观研判影响农业强国建设的全局性、关键性、方向性和阶段性问题及其相互关系,科学

---

[1] [日]速水佑次郎、神门善久:《农业经济论(新版)》,沈金虎等译,中国农业出版社2003年版,第3页。

谋划相关重大方针、重大工程、重大计划和重大行动，系统化地加强顶层设计和战略谋划，审慎研判在我国的有效实施路径。通过加强顶层设计和战略谋划，让建设农业强国的战略愿景，一步步、一片片落地生根并开花结果，转化为农业强国建设的现实图景；让农业强国建设有效融入全面推进乡村振兴的过程之中，并通过推进农业强省、农业强县甚至强势农业产业链建设等进行试点、试验和局部示范，发挥农业强国建设先行者的探索、引导功能。

尽管战略问题需要通过战术问题来体现，但战略问题的重要性往往明显高于战术问题。在此过程中，如果不重视全局性、阶段性、方向性的战略谋划及其影响，只重视特定行动的战术安排，甚至盲目上马、仓促行动，很容易出现方向性失误，陷入"效率越高，问题越大"、越容易错失机遇的困境。从以往的相关经验教训来看，此类战略问题战术化现象主要表现为"目标不清决心大，方向不明考核多""缺乏总体考虑，热衷于碎片化行动"。有些地方推进涉及农业强国建设的具体行动，存在追求"速战速决""立竿见影"，喜欢打"运动战"，缺乏打"持久战"的准备，也是战略问题战术化的突出表现。这不仅会增加资源利用的浪费，还会加大战略实施的困难和风险，影响战略实施的成效及可持续性；甚至容易增加战略实施过程中的反复，容易形成难以逆转的颠覆性失误或局部重大问题。要知道，建设农业强国作为一项长期历史性任务，必须"科学规划、注重质量、从容建设，不追求速度，更不能刮风搞运动"。对此，丝毫草率大意不得。

在建设农业强国的过程中,加强顶层设计不仅要重视战略规划的统筹作用,还宜加强相关立法研究和立法执法工作。通过战略规划,科学谋划农业强国的"成长坐标",将推进农业发展的系统性、全局性跃升和阶段性突破有机结合起来,促进农业强国建设更好地凸显因地制宜、因时制宜和因阶段制宜原则,更好地体现历史传承、区域文化和时代要求,推动农业发展更好地融入城乡融合互补、农村第一、二、三产业深度融合的进程之中,助力培育富有特色、底蕴、凝聚力的乡村精神和乡村文化,也为未来发展提供富有弹性、包容性的选择空间和成长路径,更好地支撑全面推进乡村振兴。随着农业强国建设的实施,外来人才、外来资本、外来经营主体的加盟将是必然趋势。这些外来者加盟后,要注意通过政策引导和法律规范,引导和督促其替农民做事,防范其替农民做主;鼓励其帮助农民和农业拓展发展空间,防范其"鸠占鹊巢"搞代替农民、让农民退出农业,挤压"三农"发展权益;支持其引领农民增强自我发展能力,防范其主要通过慈善和补贴,将农民导入过度依赖他人、越来越难以自立自强的轨道。

通过加强相关立法和执法工作,借鉴国际经验,更好地规范农业强国建设中利益相关者的行为,让实施乡村振兴战略、建设农业强国的"阳光雨露"更好地惠及农业、农村、农民;让建设农业强国、推进乡村振兴的过程,更好地转化为广大农民特别是小农户有效参与"共商共建共享"发展的过程,有效转化为调动一切积极因素群策群力,共生共赢乡村振兴和建设农业强国的过程。借此,积极引导工商资本、各类人才和要素成为乡村振兴和农业强国建设的参与者、贡献者和引领者，有效防止农业强国建设中农民利益"边缘化"的风险。总之，要通过加强农业强国建设的顶层设计，在尊重市场对资源配置起决定性作用的前提下，更好发挥政府对农业强国建设的规划、引导和支持作用，促进二者相得益彰，各展其长。

二、发展目标浪漫化

建设农业强国既要积极，又要稳妥扎实有序；既要有适度的高标准严要求，又不宜吊高胃口，抑或开"空头支票"。企图"吃着火锅跳着舞""敲着锣来打起鼓"，就可以推进农业强国建设，实际上这是不切实际的空想，最终会毁坏农业强国建设的根基。如果好高骛远，要求过高，或基于过分浪漫化、理想化的预期，追求一些不切实际的空想，甚至违背规律的目标，不仅最终难以实现，还可能形成政策误导，扭曲经济社会发展的动力机制，削弱农业强国建设的可持续性。如有人提出，要"让农业赶超房地产""让乡村成为经济社会发展的中心"，甚至要"消灭城乡收入或基础设施、公共服务的差距"，追求农村居民收入、基础设施和公共服务达到城市标准。地方政府如果以此为导向制定推进农业强国建设的政策措施和发展目标，很容易导致经济社会运行效率的下降，与以推进供给侧结构性改革为主线的要求相悖。在建设农业强国的过程中，要解决城乡收入、基础设施和公共服务差距过大的问题，促进城乡差距的合理化，通过推进城乡规划、基础设施和公共服务一体化，统筹城乡基础设施网络和信息网络建设，推进城乡基本公共服务均等化。但在今后相当长的时期内，工农差距、城乡差距的适度存在，仍是推进新型工业化和新型城镇化的基本动力。努力消除过大的、不合理的城乡差距，与消灭城乡差距不是一回事。

全面推进乡村振兴、建设农业强国，要通过强化农业农村的生产功能，激活其生活功能、生态功能，增加农业农村的人文魅力、乡土文化、田园风光、生态宜居功能，并完善乡村治理，疏通适合农业农村特点和农业强国建设要求的产业、企业、人才、资源、要素流入农业农村并参与乡村振兴的通道，改变优质人才、资源、要素主要从农业农村单向流失到城市的传统格局。随着乡村振兴战略的实施和农业强国建设的推进，虽然城乡之间仍然可能存在一定的收入差距，但通过综合、协调推进农村产业兴旺、生态宜居、乡风文明、治理有效和生活富裕，结合激发市民的"三农"情怀和人文关怀，仍能重塑城乡之间人才、资源、要素、产权的双向流动和良性循环、融合互促机制，形成乡村振兴支撑中华民族伟大复兴新格局，让农业强国建设成为全面建设社会主义现代化强国的坚实支撑。

在实施乡村振兴战略、建设农业强国的过程中，要注意引导部分适合农村特点、在农村发展具有比较优势的产业或企业转移到农村；要改变人才和优质资源、高级要素过度向城市单向流动的格局，引导更多适合农村特点的人才和优质资源、高级要素参与乡村振兴和农业强国建设。但如果矫枉过正，简单认为实施乡村振兴战略、建设农业强国的过程，就是要不加区分、不顾条件地推动城市产业、企业、人才、要素向农村转移扩散的过程，这不仅违背新型工业化、新型城镇化的发展规律，也不利于推动我国经济社会高质量发展。从建设现代化经济体系和推动我国经济发展质量变革、效率变革和动力变革的要求出发，哪些产业、企业、人才、资源和要素适宜在农村，也存在优化选择和合理布局的问题。否则，不仅会导致经济运行质量和效益的下降，还会形成对资源环境甚至社会发展的负面影响。

在今后相当长的时期内，新型工业化、新型城镇化仍是我国经济社会发展的引擎和建设现代化经济体系的"火车头"。产业和优质资源、优质要素向城镇或产业园区适度集聚，实现集聚集群集约发展；人口向城镇或中心镇、中心村适度集中，仍是推进新型工业化、新型城镇化的大趋势。建设农业强国要基于推进新型工业化、新型城镇化这个大背景。也正是因为有了这个大背景，才增加了实施乡村振兴战略、加快建设农业强国的重要性和紧迫性。统筹考虑提高全要素生产率和产业发展的资源环境与社会影响，部分向农村转移的产业、企业、人才和要素，也不宜过分分散布局，向中心镇、中心村或各具特色的产业园区、发展功能区适度集中也是趋势。比如，许多地方的农产品加工业和农业生产性服务业发展就是如此。具备条件的地区，也可以积极尝试在中心镇或涉农产业园区发展农产品加工业或农业生产性服务业的总部经济。

三、建设方式单打一和"一刀切"

建设农业强国，要有效融入全面推进乡村振兴过程，要在对各参与要素、参与主体有机整合的基础上，在不损坏各要素、各主体基本活力的前提下，对农业强国建设过程实行弹性治理、区间调控，并将利益相关者的矛盾有效控制在富有活力和竞争力的秩序之内。农业强国建设是个需要长期推进的复杂系统工程，需要多个维度协同推进，并非从某个方面孤军独进就可万事大吉。切忌将其简单归结为建立指标体系并进行指标考核的过程。更不要企图站在"上帝"或绝对真理的角度，用一些似是而非、不甚准确，甚至自己也拿不准的标准来评判、考核农业强国建设的进展。农业强国建设更不是主要通过指标考核就能有效推进的事。在部署扎实推动共同富裕工作时，习近平总书记强调"农村共同富裕工作要抓紧，但不宜像脱贫攻坚那样提出统一的量化指标""全体人民共同富裕是一个总体概念，是对全社会而言的，不要分成城市一块、农村一块，或者东部、中部、西部地区各一块，各提各的指标，要从全局上来看"[1]。这段话寓意深刻，对建设农业强国也富有指导意义。

从以往相关经验教训来看，推进农业强国建设方式单一化较为突出的表现，是把农业强国建设简单地等同于推动农户经营规模的扩大，或推进农业机械化，或加强农业基础设施建设等。当然，这些方面都是非常重要的。但如果只顾其一不顾其余，特别

---

[1] 习近平：《习近平谈治国理政（第四卷）》，外文出版社 2022 年版，第 146 页。

是不重视顺应农业强国建设的需求培育新型职业农民，那么农业强国建设"以农民为主体"就很容易落空，并难以持续；不重视农业装备工业和农业生产性服务业的发展，现代农业产业体系就难以有效推进，农业强国建设也容易成为空中楼阁。有些地方在推进乡村振兴的过程中，把实施乡村振兴战略的过程简单等同于推进村庄建设的过程，热衷房屋、道路和设施建设，轻视推进产业兴旺对实现乡村振兴的关键性作用及其对农民就业增收的影响，轻视社区治理、文明乡风和公共服务能力建设，导致乡村振兴的过程难以有效体现"以人为本"原则和可持续发展方向。如有的地方盲目追求村庄美化、道路硬化或村庄建设标准化，要求村庄建设凸显"异国风情"或"城市品位"，冲击乡村本真和整体风貌风格，淡化农村的人文特色和乡土记忆；甚至不惜搞"大拆促大建"，破坏农村自然风貌和田园生态、历史文脉。这与农业强国建设中要竭力避免这种"重物不重人"的错误思维如出一辙。

推进农业强国建设的过程，也是农业转型升级、农村转型发展、农民转型提升等协调联动的过程。但推进农业强国建设，并非要求地域空间意义上所有乡、所有村的农业都"整齐划一"地强。随着工业化、信息化和城镇化的深入推进，人口和经济布局的适度集中化是难以避免的趋势。一部分村庄的萎缩或消亡，可以为另一部分村庄更好、更可持续地振兴创造条件。对此揠苗助长、盲目提速或追求一致，可能得不偿失。如无视甚至刻意否认这种趋势，简单化、"一刀切"地要求所有乡村的农业都一样强，可能事与愿违，也不利于发挥各地农业的比较优势并培育竞争优势，甚至对经济社会的可持续发展带来严重的负面影响。

建设农业强国的方式单一化与"一刀切"结合起来，不仅容易弱化农民和农村新型经营主体参与农业强国建设的积极性与获得感，还容易淡化农业农村对工商资本和人才、要素的吸引力，妨碍农业农村活力、魅力的再造和乡村振兴的可持续性。如有的地方为节省农村居民点建设用地，不注意示范引导，不尊重农户意愿，强力实施村庄搬迁撤并，"一刀切"地要求农民由分散居住改为集中上楼居住，加速撤村并居进程，容易遭遇农民抵制，甚至形成农业强国建设"地方干部积极、本地农民消极"的状况，与"推动小农户与现代化农业发展有机衔接"的方向相悖。有的地方片面追求土地向工商资本集中、农户向城镇（或中心村、中心镇、新型社区）集中，人为增加农民就地就近从事农业的难度，导致农民被迫异地转移就业，产生"漂泊感"和"失落感"，增加部分农民的反感，甚至影响农村社会稳定。

近年来，农村人口和经济布局的集中化明显提速，各具特色的中心镇、中心村迅速涌现。与此同时，风格各异的"空心村"甚至"空心镇"加快形成，并与农村经济农业化、农村人口老龄化、农村劳动力老弱化并行发生，由此带来的部分乡村衰败现象增加了实施乡村振兴战略的紧迫性，也给农业强国建设提出了新的课题。随着乡村分化重组进程的加快，随着人民对日益增长的美好生活需要的分化，随着城乡、工农之间相互联系、影响、作用的增强和城乡、工农融合关系的深化，鼓励各地推进农业强国建设按照各具特色、各有其重的方式推进，其紧迫性也在明显增加。这有利于更好地统筹城乡生产、生活、生态空间,将扎实推进美丽宜居乡村建设与更好满足城乡居民日益增长的美好生活需要结合起来,将发挥各地在农业强国建设中的比较优势与培育其竞争优势协调起来,推动农村建成人与人、人与自然和谐共处和人民安居乐业的美丽家园,丰富农业强国乃至社会主义现代化强国建设的内涵底蕴。

四、体制机制改革工程化、政策支持盆景化

从以往经验教训来看,在实施乡村振兴战略、建设农业强国的过程中,很容易出现体制机制改革工程化、政策支持盆景化倾向。

所谓体制机制改革工程化,即用发展举措替代改革举措,将推进体制机制改革的过程,异化为实施一系列发展举措的过程;不愿触动现行利益分配格局和国民收入分配格局,轻视推进体制机制改革的必要性、紧迫性及其对推进农业强国建设和乡村振兴的动力作用;甚至为绕开体制机制改革的困难和风险,蓄意增加要素和技术投入,力求用短期的快速增长掩盖体制机制改革滞后对未来发展的透支效应。规避体制机制改革工程化倾向,要从根本上把推进体制机制改革作为建设农业强国的基石,重视体制机制改革对建设农业强国的动力作用和连锁影响。当许多经济学家对发展中国家的"后发优势"津津乐道时,著名的华人经济学家

杨小凯先生很早就提出了"后发劣势"的概念。他关于后发劣势的研究未必是完美无缺的，却在一定程度上对我国建设农业强国具有警示意义。

> **专栏 8-1　后发劣势**
>
> 　　后发国家与发达国家既存在制度差距，又存在技术差距。后发国家在许多方面可以模仿发达国家，但模仿主要有两种形式，一是制度模仿，二是技术模仿。技术模仿往往比较容易，但制度模仿却要困难得多。因此，许多后发国家往往从比较容易的技术模仿开始做起，把比较难的制度模仿放在后面。这样可以在短期内加快经济发展，但会助长制度模仿的惰性，给长期发展留下隐患。
>
> 　　资料来源：林毅夫：《后发优势与后发劣势——与杨小凯教授商榷》，《经济学（季刊）》2003年7月，第2卷第4期。

所谓政策支持盆景化，即政策支持普惠不足、特惠有余且强度过大，通过短期高强度的政策支持和公共资源配置，人为营造政策"高地"和政策"孤岛"，导致支持对象对政府投入过度依赖，甚至丧失自我发展能力，相关试点示范缺乏复制和推广价值。政策支持盆景化，不仅容易导致农业强国建设的惠及对象缺乏内源发展、自主发展能力，导致相关农业强国建设的典型模式缺乏示范推广价值，还容易限制农业强国建设惠及范围的广泛性，导致其难以有效转化为广大农民在共商共建共治共享中有更多获得感的过程。规避政策支持盆景化倾向，要注意政策创新的可持续性和政策倾斜的机制化，尤其是在加强财税金融支持方面"宜用文火""忌用猛药"，防止政策的"大上快下"带来乡村振兴的"大起大落"。

实施乡村振兴战略、建设农业强国，关键是要按照"必须始终把解决好'三农'问题作为全党工作重中之重"的要求，将"坚持农业农村优先发展，按照产业兴旺、生态宜居、乡风文明、治理有效、生活富裕的总要求，建立健全城乡融合发展体制机制和政策体系，加快推进农业农村现代化"落到实处，并通过创新体制机制来保障。建设农业强国作为加快构建新发展格局、着力推动高质量发展的重要抓手，必须以深化供给侧结构性改革为主线。因此，应在更大程度上更好地通过深化体制机制改革和政策创新，增加有效供给，减少无效供给，促进无效供给向有效供给转化；增加公共产品和公共服务供给，优化农业农村发展环境和发展条件，推进广大农民在共商共建共治共享中有更多获得感。因此，在建设农业强国的过程中，首先要创新体制机制、强化相关制度性供给。要通过创新体制机制，按照坚持新发展理念、构建新发展格局、推动高质量发展的要求，注意以下方面。

第一，以促进市场在资源配置中起决定性作用为导向，以完善产权制度和要素市场化配置为重点，以激发参与主体活力和人才潜能为依托，激活农业农村发展活力和农村资源、要素、新产业新业态新模式的发展潜能，培育农业强国建设的兴奋点和新增长点。如近年来在许多地方广受关注的农村"三变"改革，鼓励农村资源变资产、资金变股金、农民变股东，但完善农村产权流转市场和要素流转服务平台，对于深化农村"三变"改革也是至关重要的。要创新农民闲置宅基地和闲置农房政策，创造条件促进农村生态资源、文化资源资产化，破除束缚农民手脚的不合理限制和歧视。这有利于完善不同利益相关者协同支持农业强国建设的氛围。

第二，以更好发挥政府作用为导向，优先改变"三农"发展环境的相对不平等状况，优先加强"三农"政策的兜底和"保基本"公共服务功能，优化国民收入分配格局和公共资源配置格局，优先加强对农业农村发展的支持和促进，推进公共政策导向和公共资源配置向农业农村适度倾斜；并在优先改变乡村规划"短板效应"的基础上，加强城乡一体化发展规划，推进城乡产业布局、基础设施建设、公共服务一体化。党的二十大进一步强调"坚持农业农村优先发展"，但怎么推进其有效落实，仍然需要不懈努力。

第三，以建立健全城乡融合发展的体制机制和政策体系为导向，将使市场在资源配置中起决定性作用和更好发挥政府作用有机结合起来，矫正发展机会、发展权利过分向城市倾斜的问题，促进城乡发展权利、发展机会的平等化；破除妨碍城市产业、企业、人才和要素进入农业农村的体制机制障碍，防范市场失灵导致农民权利被边缘化的风险，并完善相关引导和激励机制。如引导城市服务业更好地发挥对农村服务业转型升级的引领带动作用，辐射带动农村第一、二、三产业融合发展；积极搭建鼓励志愿者参与"三农"发展的平台；创新支持方式，引导各类农业服务平台赋能新型农业经营主体和小农户，协同推进现代农业发展和农业强国建设。

通过上述三个方面，完善乡村振兴和农业强国建设可持续发展机制，不仅有利于实现由对"三农"发展的消极保护向积极促进转型，由主要关注城乡差距向更多关注"三农"实现有活力的成长转型，还有利于将推进乡村振兴、建设农业强国的过程，有效转化为广大农民在共商共建共治共享中有更多获得感的过程。近年来，随着工业化、信息化、城镇化的深入推进，在农村优质资源、优质要素大量外流的同时，农村经济农业化、农业经济副业化、农村人口老龄化、农业劳动力老弱化和村庄"空心化"迅速发展，导致农村经济社会的自我发展、自我保护能力迅速弱化。加之，随着农村、农民分化和农民流动空间的扩大，评价"三农"发展的参照系迅速扩大，城乡发展失衡和农村经济社会发展失序更容易显性化，对农村社会进行协调整合的难度明显增加。在此背景下，主要依靠对"三农"发展的消极保护，难以根本扭转农业农村萧条衰败的趋势。实施乡村振兴战略将"治理有效"作为其总要求的重要内容，要求加快推进乡村治理体系和治理能力现代化，这便是其中一个重要原因。

五、重点错乱化和"三农"配角化

实施乡村振兴战略、建设农业强国，必须坚持农民主体地位，这是毫无疑问的。但是，有效辨识农业强国建设的引领者、参与者和侵蚀者，防止其制约、侵蚀农民主体地位的发挥，也是至关重要的。

何为坚持农民主体地位？按照坚持以人民为中心的发展思想的要求，坚持农民主体地位，基本要求是保障农民平等参与、平等发展、平等受益的权利，充分调动广大农民的积极性、主动性和创造性，让农民成为实施乡村振兴战略、建设农业强国的主要依靠者和受益者。进一步来看，既然农业农村农民问题是关系国计民生的根本性问题，坚持农业农村优先发展，建设农业强国，还应把农民优先提升作为坚持农民主体地位的本质要求，将提升农民素质和精神风貌、增加农民发展机会和促进农民致富有机结合起来，致力于促进农民全面发展。离开了农民增收致富，离开了农民素质提升乃至全面发展，实施乡村振兴战略、建设农业强国的必要性就会受到动摇。

但是，在实施乡村振兴战略、建设农业强国的过程中，坚持农民主体地位，并不意味着可以否认农民发挥主体作用的局限性，也不排除调动一切积极因素鼓励其他主体发挥作用的必要性和可能性。要看到由于视野、理念、实力、人脉、资源动员能力的局限性，主要依靠农民来推进乡村振兴、建设农业强国，虽然容易"接地气"，但往往见效较慢、面临的制约和困难较多。因此，要结合实施乡村振兴战略，在推进农业强国建设中，努力实现"三管齐下"，打通人才振兴与乡村产业振兴的良性循环。一是实施农民素质优先提升工程，加快建立职业农民制度，推进农民培训提升行动，引导支持农民在发挥主体作用的过程中增强发挥主体作用的能力。二是统筹推进事业引人、感情引人、文化引人、环境引人，广纳社会人才和社会资本到农业农村创新创业，或吸引在智、技、德、官、富等方面各具优势的新乡贤或志愿者为乡村振兴和农业强国建设出谋出力，支持企业、行业和社会组织牵头或参与城乡对口帮扶。三是内外兼修，推进乡村振兴或农业强国建设的产业组织创新，鼓励实施乡村振兴战略的带头人脱颖而出并建功立业。如引导工商资本和城市居民参与乡村振兴，积极培育新型经营主体、新型服务主体带头人，优化乡村振兴带头人的成长环境。鼓励城市人才下乡参与农业创新创业成为"新农人"，壮大农业强国建设的"领头雁"。

实施乡村振兴战略、建设农业强国，关键靠人。支持乡村振兴或农业强国建设带头人成长和创新创业，优化其发挥作用的环境至关重要。从以往经验来看，在实施乡村振兴战略、建设农业强国的过程中，要注意有效辨识乡村振兴或农业强国建设的引领者和参与者。近年来，各地大量涌现的新型农业经营主体和新型农业服务主体，有望成为实施乡村振兴战略、建设农业强国的带头人。许多有志于推动乡村振兴、参与农业强国建设的城乡企业家，甚至农村创新创业带头人，也有望成为实施乡村振兴战略、建设农业强国的排头兵。部分富有现代经营理念、怀抱创业梦想、了解新消费需求的"新农人",也程度不同地具有成为实施乡村振兴战略带头人的潜质。但是,他们能否真正成为实施乡村振兴战略、建设农业强国的带头人,仅有"高大上"的理念和梦想还是远远不够的,关键要看其能否"让梦想照进现实",是否具有示范带动农户参与乡村振兴或农业强国建设的业绩和能力。否则,他们充其量只能成为实施乡村振兴战略的参与者或贡献者。有些组织基于特定理念推进农业模式"创新",自身都惨淡经营、"朝不保夕",缺乏商业可持续性。如果指望其作为实施乡村振兴战略、建设农业强国的带头人或"农业未来发展的方向",给予其重点支持,忽视广大农户特别是小农户的参与和受益,很可能是支持重点错乱。这样的带头人充其量算"花瓶",靠这样的带头人带动乡村振兴或农业强国建设,难免"越振越弱"。

坚持农民主体地位,还要有效屏蔽乡村振兴或农业强国建设的侵蚀者。有些经营主体参与乡村振兴或农业强国建设,力图代替"三农"而非依靠"三农",很可能导致农民由乡村振兴的"主角"变成"配角",由农业强国建设的参与者和重要受益人变成农业强国建设的旁观者、局外人甚至利益受损者。这不仅会导致农民主体地位"缺位",还会侵蚀"三农"自我发展能力和农民共商共建共享农业强国建设的可能性,甚至导致"三农"成为工商资本谋取利益的"装饰品"。如推进农村第一、二、三产业融合发展,是农业发展方式的一场深刻革命,近年来已日益引起各级政府的重视。但是,有人以推进农村第一、二、三产业融合发展或推进农业与养老休闲产业融合等名义,推进"农业+房地产"等所谓的商业模式创新，发展农业只是挂挂牌子、当当点缀，被当作争取优惠政策的"装饰"，真正的用意在于发展房地产。实际上，这是本末倒置，换来的很可能不是农业脱胎换骨的改造，而是农业沦落为房地产业的附庸或随从。按照这种套路推进农业强国建设，很可能是画虎不成反类犬。对此应该保持高度警觉。

后记

长期以来，本人注重从宏观视角、历史视角、产业融合视角的互动中，研究中国"三农"问题。经常参与有关部委和地方政府的决策咨询、政策研究，我的体会是，关注中国乡村振兴和农业强国建设，必须拓宽视野，重视战略与现实、理论与实践、国际与国内的结合，兼顾前瞻性、战略性、基础性、储备性和现实针对性。

本书相关内容，先后获得农业农村部政策与改革司、发展规划司和国家发展改革委农村经济司对相关课题研究的支持。相关领导对课题委托的要求和建议，让我深受启发。许多政府部门、研究单位的朋友和我的单位同事，长期支持并鼓励我的研究工作，让本书写作受益良多。为免挂一漏万，对这些单位和朋友恕不一一列举。但在此表示诚挚敬意和衷心感谢是必须的！当然，本书不代表相关支持单位或朋友的意见，纯属个人观点。

本书成稿之后，承蒙中国社会科学院学部委员张晓山先生、经济日报社编委孙世芳先生、农业农村部农村经济研究中心主任金文成先生热心推荐。特此感谢!

中国农业大学经济管理学院博士生李俊茹、王一杰协助进行了本书第一、第四、第七章,巩慧臻协助进行了本书第一章的数据收集或研究。

特别感谢东方出版社编室主任王学彦的精心策划和热心支持。她对本书选题的敏锐视角,对本书写作的鼓励和对出版的支持,是本书得以快速问世的重要原因。本书责任编辑、统筹、封面设计、营销策划等高效而又富有价值的贡献,让我深切体会到出版工作"高质量发展"的含义。

最后,也要感谢热心的读者!你们的肯定、信任和建设性意见,是本人进一步深化农业强国研究的动力!

国家发展和改革委员会

产业经济与技术经济研究所　姜长云

2022 年 11 月 27 日

图书在版编目（CIP）数据

农业强国 / 姜长云 著 . — 北京：东方出版社，2023.1
ISBN 978-7-5207-3064-8

Ⅰ.①农… Ⅱ.①姜… Ⅲ.①农业经济—研究—中国 Ⅳ.① F323

中国版本图书馆 CIP 数据核字（2022）第 220284 号

农业强国
（NONGYE QIANGGUO）

- -

作　　者：姜长云
责任编辑：王学彦　申　浩
责任审校：孟昭勤
出　　版：东方出版社
发　　行：人民东方出版传媒有限公司
地　　址：北京市东城区朝阳门内大街 166 号
邮　　编：100010
印　　刷：北京明恒达印务有限公司
版　　次：2023 年 1 月第 1 版
印　　次：2023 年 1 月第 1 次印刷
开　　本：660 毫米 ×960 毫米　1/16
印　　张：17
字　　数：175 千字
书　　号：ISBN 978-7-5207-3064-8
定　　价：68.00 元
发行电话：（010）85924663　85924644　85924641

- -

版权所有，违者必究
如有印装质量问题，我社负责调换，请拨打电话：（010）85924602　85924603